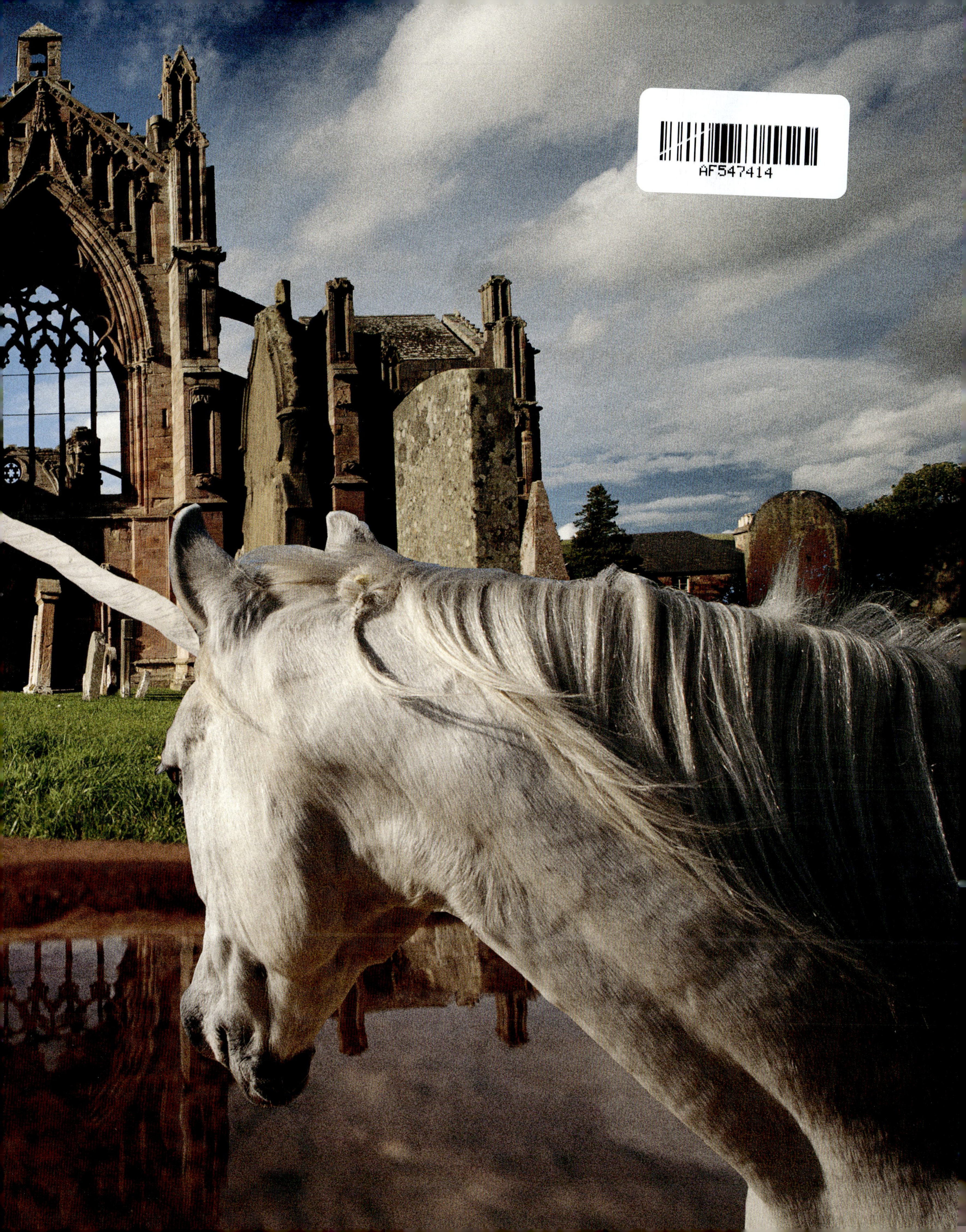

lebten die Einhörner

in Schottland

Die Suche nach den Letzten ihrer Art

Text und Fotografien
Gerald Axelrod

Inhalt

Umschlaginnenseite:
Melrose Abbey

Erste Seite:
Kilchurn Castle am Loch Awe

Seite 2/3:
Blackcraig Castle bei Blairgowrie
Wild und ungestüm galoppieren die Einhörner durchs Wasser, wenn sie mit dem Wind um die Wette laufen.

Einleitung

„Sein oder Nichtsein, das ist hier die Frage." Dieses Thema beschäftigt nicht nur Hamlet, sondern auch die Menschen, wenn es um Einhörner geht. Gibt es sie oder nicht? Manche Leute glauben, das Einhorn sei ein Fabeltier, das niemals gelebt hat, andere meinen, es sei vielleicht ausgestorben wie das Mammut. Fest steht: Das Einhorn ist bis zum heutigen Tage das Wappentier Schottlands und in keinem anderen Land der Welt blüht und gedeiht der Einhorn-Kult so stark wie dort. Jedes Jahr am 9. April feiern die Schotten den „National Unicorn Day", einen Feiertag zu Ehren ihres Nationaltiers. In vielen Dörfern und Städten thronen steingewordene Einhörner auf Säulen hoch über dem Marktplatz und bringen den Menschen Glück. Seit dem Mittelalter wird in Schottland eine Goldmünze geprägt, auf der ein strahlendes Einhorn seinen Glanz versprüht. Stirling Castle mit seinen berühmten Wandteppichen, die die „Jagd auf das Einhorn" zeigen, gilt als Hochburg der Einhorn-Verehrung. Und im Hafen von Dundee liegt die Fregatte „HMS Unicorn" vor Anker.

Alles nur ein Zufall? Oder steckt mehr dahinter? Um die Liebe der Schotten zu diesem edelsten aller Tiere zu verstehen, müssen wir die Spur der Einhörner zurückverfolgen. Die ersten Berichte stammen aus China und reichen bis ins Jahr 3000 v. Chr. zurück. Von Zentralasien wanderten die Einhörner nach Süden, bis sie Indien und den Vorderen Orient erreichten. Um das Jahr 400 v. Chr. gelangte die Kunde von diesen rätselhaften und scheuen Tieren ins Abendland, wo selbst die Bibel sie mehrfach erwähnte. Für die Menschen des Mittelalters stand somit unwiderlegbar fest: Einhörner existieren! Denn wer an den Worten der Bibel zweifelte, landete auf dem nächsten Scheiterhaufen. Damals glaubte man aber nicht nur an Einhörner, sondern auch an die magischen Heilkräfte ihres Horns. Zu Pulver verarbeitet sollte es praktisch alle Krankheiten heilen – womit das Unheil seinen Lauf nahm. Es begann eine systematische Jagd auf diese Tiere, so dass sie spätestens im 17. Jahrhundert als ausgestorben galten.

Wie durch ein Wunder überlebten jedoch einige Exemplare in der menschenleeren Einöde der schottischen Highlands. Als ich mich in diese Gebiete vorwagte, die noch nie zuvor ein Mensch betreten hatte, konnte ich sie mit eigenen Augen sehen und fotografieren: die letzten Einhörner. Doch wenn ich den Leuten davon erzähle und ihnen als Beweis meine Fotos vorlege, ernte ich meistens zweifelnde Blicke und weiß nicht, ob die Leute an den Fotos oder an meinem Verstand zweifeln. Ich habe auch lange mit mir gehadert, ob ich diese Bilder veröffentlichen soll, denn sie könnten ein neues Jagdfieber auslösen. Aber dann habe ich gemerkt: Genauso felsenfest, wie die Menschen des Mittelalters von der Existenz der Einhörner überzeugt waren, genauso felsenfest sind die modernen Menschen von ihrer Nicht-Existenz überzeugt. Es gibt in der Wissenschaft sogar ein Einhorn-Paradigma: „Wenn Sie mir sagten, Sie hätten eine Ziege im Garten, dann könnte ich Ihnen glauben. Wenn Sie sagten, Sie hätten ein Einhorn im Garten, könnte mich noch nicht einmal ein Foto überzeugen – ich würde nicht eher ruhen, als bis ich es mit eigenen Augen gesehen hätte." (Gero von Randow)

In diesem Sinne: Auf nach Schottland!

Gerald Axelrod

Rechte Seite:
Fairy Bridge bei Elleric
In den mystischen Wäldern und Mooren der Highlands fanden die Einhörner Zuflucht.

In einem fernen Land, wo Einhörner

den Nebeln entstiegen

„Unicorn Rock" auf der Isle of Skye
Direkt neben dem „Old Man of Storr" ragt dieser Felsen empor, im Volksmund „Einhorn-Felsen" genannt, weil die spitze Zacke an ein Horn erinnert.

China – Die Wiege der Einhörner

Woher kommen heute all die Plüsch-Einhörner, Stofftiere, Einhorn-Luftballons, Einhorn-Mützen und andere Kitsch-Artikel, die Kinderherzen höher schlagen lassen? Aus China. Da erscheint es fast wie ein Witz, dass auch die echten Einhörner ursprünglich aus diesem Land kamen. Aber genauso ist es. Nach der sensationellen Wiederentdeckung der Einhörner in Schottland, die weltweit für einiges Aufsehen gesorgt hatte, begann ich, mich näher mit der Geschichte der Einhörner zu beschäftigen. Den ersten Hinweis auf ein Einhorn finden wir in den chinesischen Schöpfungsmythen. Danach brachten drei Erhabene den Menschen die Kultur ins Bewusstsein. Einer von ihnen war der sagenumwobene Kaiser Fu Xi, der um das Jahr 3000 v. Chr. gelebt haben soll. Eines Tages saß er am Ufer des Gelben Flusses und meditierte, als plötzlich ein Qilin (Kilin, Ch'i-lin) aus den Fluten stieg – ein chinesisches Einhorn! Auf seinem Rücken entdeckte Fu Xi seltsame Symbole. Geistesgegenwärtig nahm er einen Stock und zeichnete sie im Uferschlamm nach. Daraus entstanden die chinesischen Schriftzeichen.

Danach verschwand das Qilin und zeigte sich erst ein paar hundert Jahre später wieder, genauer gesagt im Jahr 2697 v. Chr. Es erschien, um die Herrschaft des außergewöhnlich weisen und gerechten Kaisers Huangdi anzukündigen. Doch wie wir alle wissen, sind solche Regenten dünn gesät. Deshalb tauchte auch das Qilin nur alle 200 bis 300 Jahre einmal aus der Versenkung auf, jedes Mal als Vorbote bedeutender Persönlichkeiten. Schließlich, im Jahr 551 v. Chr. trat es vor eine schwangere Frau und brachte ihr eine Jadetafel, die es in seinem Maul trug. Darauf stand, dass ihr ungeborenes Kind einmal Großes vollbringen werde. Das Qilin sollte recht behalten. Wenige Tage später kam das Kind zur Welt und erhielt den Namen Konfuzius. Er ging als der weiseste chinesische Philosoph in die Geschichte ein. Auch später blieb sein Schicksal mit dem Einhorn verbunden. Im Jahr 479 v. Chr. verletzte ein Jäger das Qilin – ein böses Omen! Wenige Tage später starb Konfuzius.

Die Frage, die uns nun brennend interessiert, lautet: Wie sah das Qilin aus? Im Schi-King, dem „Buch der Lieder", sammelte Konfuzius 305 Gedichte und Lieder, deren Entstehungszeit teilweise bis ins Jahr 1000 v. Chr. zurückreicht. Das Gedicht „Ki-Ling (Qilin), das chinesische Einhorn" verrät uns erstmals Genaueres über dieses rätselhafte Tier: Es trägt ein Horn auf seiner Stirn, greift aber niemals andere Tiere im Zorn an. Es wurde nie gezähmt und geht niemals paarweise. Kein Jäger konnte es bisher fangen. Es geht über das Gras, ohne einen einzigen Grashalm zu knicken. Obwohl es ausgesprochen stark ist, tritt es niemals hart auf, so dass es keine Würmer oder Insekten zerquetscht. Es besitzt die Kraft von Pferden, aber die Sanftmut eines Lammes. Sein Körper hat fünf verschiedene Farben, es gleicht einem Wunder und kommt sehr selten vor.

Rechte Seite:
Wailing Widow Falls südlich von Unapool
In China tauchte ein Einhorn aus den Fluten auf und zeigte dem Kaiser die ersten Schriftzeichen.

Oben und rechte Seite:
Dunrobin Castle bei Golspie
Das chinesische Einhorn Qilin kann übers Gras gehen, ohne einen Halm zu knicken.

An dieser Stelle eine kurze Zwischenbemerkung. Wer dieses Gedicht und viele andere der nachfolgend erwähnten alten Dokumente im Original nachlesen möchte, braucht nicht in Bibliotheken zu stöbern. Diese Arbeit hat uns dankenswerterweise Jochen Hörisch abgenommen. Sein Werk „Das Tier, das es nicht gibt" enthält die Einhorn-Berichte im Original-Wortlaut, versehen mit kurzen, informativen Kommentaren.

Aber nun zurück zum Qilin. Die obige Beschreibung klingt noch einigermaßen realistisch, wenngleich die fünf verschiedenen Farben nicht ganz zu unserem Bild vom strahlend weißen Einhorn passen. Zudem fällt es schwer, sich vorzustellen, wie es übers Gras ging, ohne es zu knicken. Im Original heißt es allerdings:

„Doch nie sein Fußtritt schuf
des Gräslein Weheruf."

Man könnte diese Verse auch so interpretieren, dass es das Gras nicht absichtlich zertrampelte. Fassen wir nun die Eigenschaften des Qilin zusammen: Es ist wild und ungezähmt, kraftvoll und stark, gleichzeitig aber auch rücksichtsvoll und friedfertig. Man sieht es nur selten, denn es ist ein Einzelgänger und offenbar sehr scheu. Ein solches Tier könnte es durchaus geben. Doch im Laufe der nächsten 1000 Jahre wurden ihm immer neue und haarsträubendere Eigenschaften an-

Oben:
Linlithgow Palace in Linlithgow
Später wurde dem Qilin statt des Horns ein Hirschgeweih angedichtet.

Rechte Seite oben:
Beaumaris Castle (Wales)
Das Qilin erscheint heute eher als Mischung aus Hirsch und Drache. Es bringt Glück und wird in China überall verehrt.

Rechte Seite unten:
Ravenscraig Castle in Kirkcaldy
Wenn der Wind über die Wiese streicht, kann es sein, dass ein Einhorn wie aus dem Nichts auftaucht.

gedichtet. Da es keinen Grashalm knickt, trabt es über Wolken und übers Wasser. Seine Stimme klingt wie liebliche Musik und erinnert an eine helle Glocke. Sein Körper ist mit Fisch- oder Drachenschuppen bedeckt und steht manchmal sogar in Flammen. Sein Kopf bekam das Aussehen eines Drachenkopfes, und statt des Horns ragte plötzlich ein Hirschgeweih empor – die Fantasie der Dichter kannte keine Grenzen. Heute erscheint das Qilin eher als Mischung aus Hirsch und Drache. Aber es bringt Glück und gehört zusammen mit dem Drachen, dem Phönix und der Schildkröte zu den vier Wundertieren, die die Welt erschaffen haben.

Es gibt noch ein zweites chinesisches Einhorn, das im Schatten des extrem populären Qilin unbeachtet vor sich hinvegetiert: das Zhi (oder Hsieh-Chai). Die kanadische Historikerin Jeannie T. Parker erforschte in ihrem Buch „The Mythic Chinese Unicorn“ die Ursprünge der chinesischen Einhorn-Legenden. 1959 entdeckte man in einem Grab in Wuwei ein geschnitztes Einhorn, das den uns bekannten Einhörnern fast aufs Haar gleicht. Es stammt aus dem 1. bis 2. Jahrhundert n. Chr. und wurde später oft an die Türen von Gerichtssälen gemalt. Nicht ohne Grund. Nach einer alten Legende regierte vor langer, langer Zeit der Kaiser Shun, der das erste Rechtssystem einführte. An die Stelle der Blutrache trat nun ein ordentlicher Gerichtsprozess. Manchmal schaffte es ein Richter jedoch nicht, die Schuld oder Unschuld eines Angeklagten zweifelsfrei zu ermitteln. In solchen Fällen wurde das Zhi in den Gerichtssaal geführt, der Schrecken aller Verbrecher! Instinktiv spürte es, ob jemand schuldig war und durchbohrte ihn mit seinem Horn, während es die Unschuldigen verschonte. Das Einhorn gilt deshalb bis heute in China als Symbol für Gerechtigkeit, nur wurde der Spürsinn des Zhi später dem Qilin zugeschrieben. Nichtsdestoweniger bleibt es eine spannende Frage, ob Einhörner über besondere Fähigkeiten verfügen, denen sie ihren Ruf als magische Wesen verdanken. Um das Geheimnis zu lüften, brauchen wir aber weitere Informationen und müssen Schritt für Schritt die alten Quellen durchsuchen.

Eilean Donan Castle bei Dornie
In Indien lebte ein Asket namens Einhorn als Einsiedler an einem Fluss.

Indien – Die Legende vom Asketen Einhorn

Von China breiteten sich die Einhörner in die benachbarten Länder aus. Wir finden Tiere, die dem Qilin ähneln, in Japan, wo es Kirin heißt, sowie in Korea (Girin), Thailand (Gilen) und Vietnam (Kỳ lân). Schließlich erreichten die Einhörner Indien, wo zwischen 300 v. Chr. und 300 n. Chr. die „Legende vom verführten Asketen Einhorn" entstand. Sie hat meiner Meinung nach nichts mit den echten Einhörnern zu tun, wird aber in jedem Einhorn-Buch nacherzählt und darf deshalb auch hier nicht fehlen, denn sie könnte später die europäischen Gelehrten beeinflusst haben.

Vibhandaka, ein Heiliger aus der Brahmanenkaste (der obersten Kaste im indischen Kastensystem, deren Mitglieder häufig Priester sind), lebte in strenger Askese. Doch eines Tages erblickte er an einem Seeufer die liebreizende Urvasi und konnte seine Begierde nicht mehr zügeln. Bald darauf wurde Urvasi schwanger, aber auf ihr lastete ein Fluch, den der heilige Brahma über sie verhängt hatte: „Du sollst eine Gazelle werden. Und du wirst erst von dieser Gestalt erlöst, wenn du einem Heiligen das Leben geschenkt hast." Als schließlich ihr Sohn zur Welt kam, wuchs auf seinem Kopf ein Horn, nur ein einziges, denn er war halb Mensch und halb Gazelle. Wegen des Horns nannte man ihn Rsyasrnga, das bedeutet Gazellenhorn, oder auch Ekasrnga, was Einhorn heißt.

Eilean Donan Castle bei Dornie
Um den Asketen in den Palast zu locken, ließ die Mätresse des Königs eine schwimmende Einsiedelei bauen.

Er lebte bei seinem Vater als Einsiedler, gab sich ganz der Askese hin, führte das enthaltsame Leben eines Heiligen und sah niemals einen anderen Menschen.

Als Rsyasrnga zum Mann herangewachsen war, kam es im benachbarten Königreich zu einer schrecklichen Dürre. Der König hatte nämlich in gemeinster Absicht einen Brahmanen betrogen, worauf alle Priester aus Protest sein Reich verließen. Seither war kein Regen mehr gefallen, und das Volk litt unter einer entsetzlichen Hungersnot. Verzweifelt wandte sich der König an seinen Berater. „Du musst den Asketen Einhorn in dein Reich holen“, sprach dieser. „Wenn der Heilige dein Land betritt, werden die Götter sofort die Schleusen des Himmels öffnen.“

Leichter gesagt als getan. Wie bringt man einen Asketen dazu, seine Einsiedelei zu verlassen und sich unter die Menschen zu begeben? Der König beratschlagte sich mit seiner Mätresse, die schon bald einen hinterhältigen Plan ausheckte. Sie ließ eine schwimmende Einsiedelei bauen und mit den schönsten Blumen und süßesten Früchten schmücken. Anschließend wurde das Floß in die Nähe von Rsyasrngas Einsiedelei gezogen.

Am nächsten Tag erschien die liebliche Tochter der Mätresse beim Asketen Einhorn, der in seinem ganzen Leben noch nie ein weibliches Wesen gesehen hatte. Deshalb hielt er die Tochter für einen Jüngling und staunte über sein seltsames Aussehen. Die Tochter dagegen zog alle Register ihrer Verführungskünste, schmiegte ihren

Dunderave Castle bei Inveraray
Die hübsche Tochter der Mätresse verführte den Asketen und brachte ihn auf einem Floß zum Königspalast.

Körper an den seinen und gab ihm süß duftende Früchte zu essen. Als sie sah, dass sein Herz entflammt war, entschwand sie, ihm letzte sehnsuchtsvolle Blicke zuwerfend.

Als der Vater am Abend heimkehrte, fand er Rsyasrnga tiefbetrübt vor. Seufzend erzählte der Asket von dem eigenartigen Jüngling: „Seine Augen waren groß wie Lotosblumen, und auf der Brust hatte er zwei Kugeln von wundervoller Schönheit." „Das sind Dämonen", erklärte der Vater. „Es ist ihre Absicht, die asketischen Übungen zu stören. Ihre Taten sind übel, und ihre Freude besteht darin, jenen Hindernisse in den Weg zu legen, die sich in der Askese üben."

Doch als die Tochter am nächsten Tag wieder auftauchte, schlug der Asket alle Warnungen seines Vaters in den Wind und folgte dem hübschen Mädchen aufs Floß. Unbemerkt löste die Mutter alle Taue, so dass die schwimmende Einsiedelei den Fluss hinabtrieb und zum Königspalast kam. Dort wurde der Asket Einhorn ins Frauengemach gebracht. Kaum hatte er es betreten, fiel der langersehnte Regen vom Himmel. Zum Dank gab der König seine eigene Tochter Santa dem Asketen zur Gemahlin. Später kehrten die beiden in die Einsiedelei zurück, wo sie ein glückliches Leben führten.

Unten:
Felsengrab von Kalekapı bei Donalar (Türkei)
Dieses Relief aus dem 5. Jahrhundert v. Chr. beweist, dass die Einhörner in jenen Tagen in der Türkei gesichtet wurden.

Ein nettes Märchen, das eher in ein Buch über Gazellen passen würde. Sein einzelnes Horn macht den Asketen noch lange nicht zum Einhorn, sondern eher zur halben Gazelle. Aber wie auch immer, im sogenannten „Physiologus" finden wir einige Parallelen, nämlich dass man Einhörner mit einer Frau anlocken kann und dass die Tiere Tanz und Musik lieben. Deshalb glauben einige Forscher, die indische Legende hätte das europäische Bild vom Einhorn beeinflusst, obwohl mir diese Schlussfolgerung sehr weit hergeholt erscheint.

Bei der Suche nach den echten Einhörnern hilft uns diese Legende jedenfalls nicht weiter. Brauchbarer sind da schon archäologische Funde wie beispielsweise ein Relief beim Felsengrab von Kalekapı bei dem Dorf Donalar im Norden der Türkei. Es wurde im 5. Jahrhundert v. Chr. in den Felsen gehauen und man erkennt deutlich das lange, gerade Horn eines Einhorns. Unbestreitbar stellt auch eine kleine Bronzefigur aus Teheran ein Einhorn da. Sie stammt aus dem 9. bis 8. Jahrhundert v. Chr., wie Jürgen W. Einhorn in seinem Buch „Spiritalis Unicornis" (S. 31) ausführt. Dieses Werk mit seinen 685 Seiten enthält die umfangreichste Sammlung altertümlicher und mittelalterlicher Einhorn-Darstellungen, die beweisen, wie alt und weit verbreitet der Glaube an Einhörner ist.

Wir können nun die Wanderung der Einhörner rekonstruieren: Ihre ursprüngliche Heimat lag offenbar in Zentralasien. Diese Vermutung stimmt nicht nur mit den ältesten chinesischen Legenden überein, sondern auch mit Knochenfunden. Im Jahr 2016 machten russische Paläontologen in Kasachstan einen Sensationsfund. Sie entdeckten die erstaunlich gut erhalten Überreste eines *„Elasmotherium sibiricum"*, das nur ein Horn auf der Stirn (nicht auf der Nase!) trug. Wann dieses Tier ausstarb, bleibt Gegenstand hitziger Diskussionen. Manche Forscher datieren das Alter auf 29 000 Jahre, andere auf über 50 000 Jahre. Wer bei

Oben links:
Elasmotherium sibiricum
(Quelle: Wikipedia)
In Kasachstan entdeckten Forscher 2016 die Überreste dieses Kolosses. Ob die Einhörner wirklich von ihm abstammen, bleibt mehr als zweifelhaft.

Oben:
Luristanische Kleinbronze, Teheran (Iran)
Die kleine Figur aus dem 9. oder 8. Jahrhundert v. Chr. zeigt zweifellos ein einhörniges Tier.

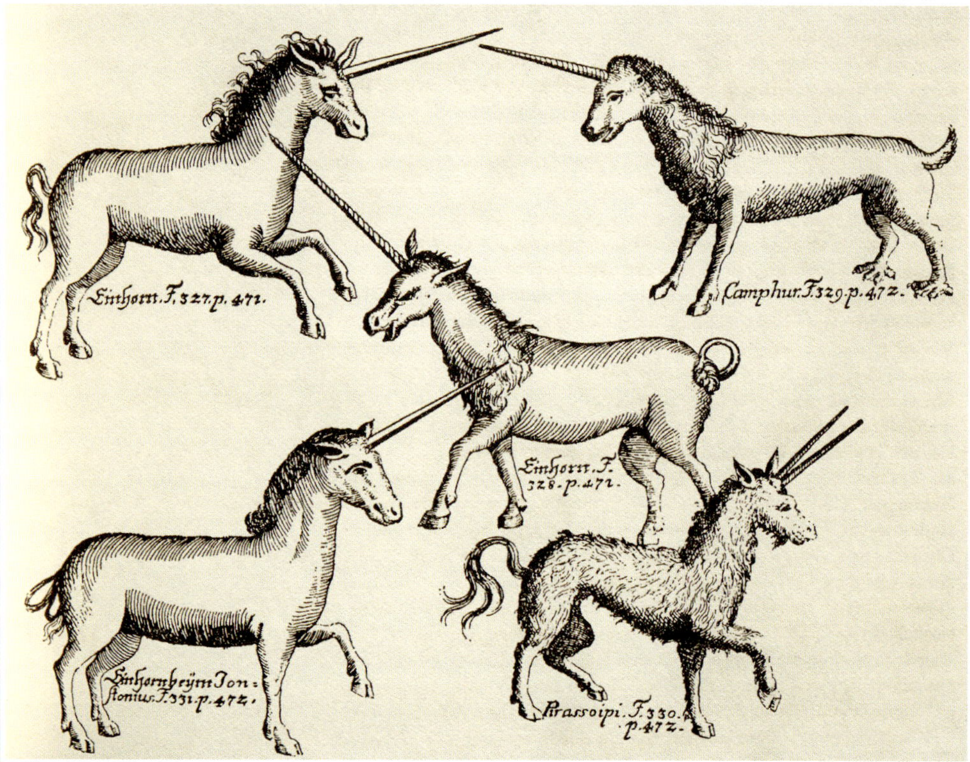

Pierre Pomet (1658 bis 1699) unterschied fünf verschiedene Einhorn-Arten.
Evolutionsgeschichtlich könnten Pferd und Einhorn von einem gemeinsamen Vorfahren abstammen.

Google die Stichworte „Einhorn Kasachstan“ eingibt, findet euphorische Überschriften wie „Forscher finden Schädel eines Einhorns“ oder „Es gab sie wirklich: Einhörner lebten noch vor 29 000 Jahren“. Nüchtern betrachtet gehört das Elasmotherium sibiricum zur Gattung der Nashörner und es ist mehr als unwahrscheinlich, dass die Einhörner von diesem vier Tonnen schweren Koloss abstammen. Der Fund beweist aber, dass in Zentralasien einhörnige Tiere lebten und dass noch lange nicht alle Entdeckungen gemacht worden sind.

Mit einer gewagten Spekulation könnte man eher annehmen, dass es evolutionsgeschichtlich einen gemeinsamen Vorfahren von Pferd und Einhorn gab. Wer ein Pferd genauer betrachtet, entdeckt auf seiner Stirn einen Haarwirbel, und zwar meistens genau an jener Stelle, wo beim Einhorn das Horn emporragt. Vielleicht lebte vor langer Zeit ein Ur-Pferd mit einem kleinen Horn, das sich in den weiten Steppen der Mongolei als überaus nützliche Waffe zur Verteidigung gegen natürliche Feinde wie Wölfe und Schakale bewährte. Je länger und spitzer dieses Horn war, desto stärker stiegen die Überlebenschancen. Nach der Darwinschen Evolutionstheorie entwickelten sich aus dem Ur-Pferd einerseits die Einhörner mit ihren langen, markanten Hörnern. Andererseits zog ein Teil der Ur-Pferde auf der Suche nach neuen Futterquellen in die Wälder. Dort entpuppte sich das Horn als Katastrophe! Wenn die Ur-Pferde durch die Wälder preschten, passierte es immer wieder, dass sie nicht rechtzeitig ausweichen konnten und mit ihrem Horn in einem Baum stecken blieben! Deshalb trat bei diesen Tieren die gegenteilige Entwicklung ein. Ur-Pferde mit großem Horn starben aus und es überlebten nur jene mit kleinen Hörnern. Schließlich entwickelte sich das Horn ganz zurück. Übrig blieb nur ein Haarwirbel, der noch heute an die Verwandtschaft zwischen Pferd und Einhorn erinnert.

Wir haben uns jetzt weit ins Reich der Spekulationen vorgewagt und man darf gespannt sein, ob Paläontologen eines Tages das Skelett eines solchen Ur-Pferdes finden. Kehren wir nun zu den Fakten zurück. Die Berichte über Einhörner zeigen, dass sie zuerst von China nach Süden zogen, bis sie Indien erreichten, und dann nach Westen, bis sie im Vorderen Orient ankamen. Vielleicht suchten sie neue Weidegründe, vielleicht lösten klimatische Veränderungen ihre Wanderung aus. Auf jeden Fall berichtete zum ersten Mal ein Europäer um das Jahr 400 v. Chr. von diesen faszinierenden Geschöpfen.

Rechte Seite:
Duntrune Castle bei Crinan
Auf der Stirn jedes Pferdes sieht man einen Haarwirbel, und zwar genau an jener Stelle, wo beim Einhorn das Horn emporragt.

Seite 22/23:
Castle of Old Wick bei Wick

St Mary's Chapel bei Rattray
Erst durch ein Buch des Griechen Ktesias wurden die Einhörner im Abendland bekannt.

Ktesias – Die Einhörner ziehen ins Abendland

Ktesias war ein griechischer Arzt, der von 401 bis 393 v. Chr. am Hofe des Perserkönigs Artaxerxes II. im heutigen Iran lebte. Schließlich kehrte er nach Griechenland zurück und schrieb das Buch „Indika", ein Bericht über Indien, in dem wir eine Fülle von Informationen über Einhörner bekommen. Diese Nachricht schlug ein wie eine Bombe! Sie gilt deshalb als Fundament des europäischen Einhorn-Glaubens und sei hier wortwörtlich wiedergegeben:

In Indien gibt es wilde Esel, die den Pferden gleich, nur größer sind; der Leib ist weiß, der Kopf purpurrot, die Augen dunkelblau; auf der Stirne haben sie ein Horn von der Länge einer Elle [ungefähr 45 Zentimeter]. Abgefeilte Teilchen desselben werden in einen Trank getan und sind ein Schutzmittel gegen tödliche Stoffe [Gifte]; der untere Teil des Hornes, gegen die Stirne zu, ist in einem Umfang von zwei Handbreiten außerordentlich weiß; der obere Teil, der spitz ist, dagegen hochpurpurrot; der mittlere schwarz. Diejenigen nun, welche aus den aus diesem Horne gefertigten Bechern trinken, werden weder von Krämpfen noch von der heiligen Krankheit [Epilepsie]

Duntrune Castle bei Crinan
Sogar der Philosoph Aristoteles erwähnt in seinen Schriften die Einhörner.

befallen. Aber auch die Gifte wirken nicht auf sie, weder wenn sie dieselben vor, noch wenn sie sie nach Wein und Wasser oder anderen Stoffen trinken. … Dieses Tier ist sehr schnell und stark. Kein Tier, weder ein Pferd noch ein anderes holt es ein, wenn es verfolgt wird. Zuerst läuft es etwas langsam; je länger es aber läuft, umso mehr wächst seine Kraft, so dass es immer schneller läuft. Dieses Tier ist nicht leicht zu jagen. Wenn sie [die Einhörner] aber ihre Jungen auf die Weide führen und von vielen Reitern umzingelt werden, so fliehen sie nicht und lassen ihre Jungen im Stich, sondern sie wehren sich durch Stoßen mit ihren Hörnern und Füßen und durch Beißen mit den Zähnen, und töten viele Pferde und Menschen; sie werden endlich mit Pfeilschüssen oder Wurfgeschossen erlegt. Lebendig könnte sie niemand fangen. Ihr Fleisch kann wegen seiner Bitterkeit nicht genossen werden. Man jagt sie nur der Hörner und Sprungbeine wegen.

Bevor wir näher auf diesen Bericht eingehen, seien noch zwei weitere Quellen genannt. Als nächster erwähnte kein Geringerer als der berühmte Philosoph Aristoteles (384 bis 322 v. Chr.), Schüler von Platon und Lehrer von Alexander dem Großen, die Einhörner. Seine Darstellung deckt sich weitgehend mit jener

von Ktesias, weshalb man heute annimmt, dass er einfach abgeschrieben hat. Wegen seines hervorragenden Rufes als einer der brillantesten Denker Griechenlands bekam sein Bericht aber quasi ein Gütesiegel: Was Aristoteles schreibt, muss stimmen! Bis in die Neuzeit hinein beeinflusste seine Einhorn-Kunde die Gelehrten.

Dennoch ist für uns Megasthenes interessanter, ein weiterer Grieche, der im Auftrag des syrischen Königs als Gesandter nach Indien reiste und somit aus erster Hand von den Einhörnern erfuhr. Er schrieb um das Jahr 303 v. Chr. folgendes:

In gewissen Gegenden von Indien (ich denke besonders an das Innerste des Landes) sind, so sagen sie, unwegsame wilde Berge, und dort leben ebenso viele Tierarten, wie sie unser eigenes Land hervorbringt, freilich sind diese wild. ... In diesen Gegenden soll auch das Einhorn leben und von ihnen Kartazonos genannt werden. Es habe die Größe eines ausgewachsenen Pferdes, der Hals und seine Wollhaare seien gelblich, die Füße ausgezeichnet, schnell und nicht gegliedert, gleich denen der Elefanten, der Schwanz gleich dem des Ebers. Zwischen den Augenbrauen habe es ein Horn, das nicht glatt sei, sondern einige Biegungen von Natur habe, schwarz von Farbe und sehr spitz sei, seine Stimme sei die widerlichste und stärkste. Wenn andere Tiere sich ihm nähern, sei es gelassen, gegen seinesgleichen aber sehr streitsüchtig. Es soll den Männchen nicht bloß gegeneinander eine Streit- und Kampflust angeboren sein, sondern auch gegen die Weibchen, und sie sollen den Streit so lange fortsetzen, bis der Besiegte tot ist. Es sei am ganzen Körper stark, ganz unüberwindlich aber sei sein Horn; es lebe in wüsten Gegenden, wo es vereinzelt umherschweife. Zur Brunftzeit aber, wenn es sich mit dem Weibchen paare, sei es sanfter, und beide gehen zusammen. Sei diese Zeit vorüber und werde das Weibchen trächtig, so erhalte es seine ursprüngliche Wildheit zurück. Und dieses einsame Tier ist der Kartazonos. Man sagt, dem König der Praisier [ein Volk auf Kreta] seien zwei Junge dieser Tiere gebracht worden, der sie, um ihre Stärke zu zeigen, bei festlichen Versammlungen miteinander kämpfen lasse. Niemand aber erinnert sich, dass ein ausgewachsenes Tier gefangen worden sei. (aus: Jochen Hörisch, S. 36 f. Der Text von Megasthenes ist nicht im Original erhalten, sondern wurde später vom römischen Schriftsteller Claudius Aelian nacherzählt.)

Megasthenes gibt offen zu, dass er das Einhorn nicht selbst gesehen hat, sondern nur aus Erzählungen kennt. Auch Ktesias dürfte dem Tier nicht Auge in Auge gegenübergestanden sein, denn wir wissen, dass er nie selbst in Indien war. Vergleicht man nun die beiden Schilderungen, so kann man sich des Eindrucks nicht erwehren, dass es sich um zwei völlig verschiedene Tiere handeln muss. Ktesias betont die Schnelligkeit, Megasthenes die Stärke. Besonders stutzig macht uns, dass Megasthenes' Einhorn die Füße eines Elefanten hat. Ein Triumph für alle Skeptiker! Die Beschreibungen zeigen so wenig Übereinstimmung, dass man daraus nur eine Schlussfolgerung ziehen dürfe – es gibt keine Einhörner.

Rechte Seite:
„Old Man of Storr" (Mitte) und „Unicorn Rock" (links) auf der Isle of Skye
In den unwegsamen, wilden Bergen leben Einhörner, berichtete Megasthenes.

Josef H. Reichholf kommt in seinem ausgesprochen scharfsinnigen und lesenswerten Buch „Einhorn Phönix Drache“ zu einem anderen Ergebnis. Er legt überzeugend dar, dass es die von Ktesias und Megasthenes beschriebenen Tiere sehr wohl gab und gibt, nur sind es eben keine echten Einhörner, sondern die Weiße Oryx-Antilope und das indische Panzernashorn. Untersuchen wir diese Behauptung genauer.

Weiße Oryx
(Quelle: Wikipedia)
Aus zwei mach eins. Von der Seite gesehen kann man die beiden Hörner der Weißen Oryx leicht für ein einziges halten.

Die Weiße Oryx (oder Arabische Oryx) besitzt ein helles, fast weißes Fell, ist fast so groß wie ein kleines Pferd, von ähnlicher Statur und hat zwei gerippte Hörner mit bis zu einem Meter Länge. Das Besondere daran: Die Hörner ragen mit engem Abstand parallel empor, so dass man sie bei der Seitenansicht leicht für ein einziges Horn halten könnte. Es gibt aber noch eine andere Erklärung für die Einhörnigkeit: Bei den Kämpfen rennen die Böcke nicht mit voller Wucht aufeinander zu, weil sie sich in diesem Fall wohl tödliche Verletzungen zufügen würden. Stattdessen verkeilen sie ihre Hörner und versuchen, den Gegner wegzudrücken. Bei diesem Kräftemessen kann es passieren, dass eines der beiden Hörner abbricht, was die Oryx-Antilope in ein scheinbar echtes Einhorn verwandelt.

Die Weiße Oryx lebt in den Halbwüsten der Arabischen Halbinsel, wo sie nur schwer zu fangen ist. Bei Gefahr entschwindet sie schnell wie der Wind in den unendlichen Weiten der Wüste. Eine andere Oryx-Art, die ostafrikanische Beisa-Antilope, kämpft zur Verteidigung der Jungen sogar gegen Löwen, die bei solchen Kämpfen den Kürzeren ziehen. Die Hörner der Beisa-Antilope können nämlich bis zu zwei Meter lang werden und lehren den König der Tiere das Fürchten. Josef H. Reichholf kommt deshalb zum Schluss, dass Ktesias während seines Aufenthalts in Persien einfach Erzählungen über die Weiße Oryx und die Beisa-Antilope hörte.

Auch Megasthenes erscheint absolut glaubwürdig. Seine Beschreibung passt wunderbar zum indischen Panzernashorn: extrem stark, mit einem einzigen Horn (nur das afrikanische Nashorn besitzt zwei Hörner), Füße wie ein Elefant und immer zum Streiten aufgelegt. Aber warum vergleicht Megasthenes das Panzernashorn mit einem Pferd? Ein solch grober Vergleich

Slains Castle bei Cruden Bay
Die Weiße Oryx lebt in Halbwüsten. Bei Gefahr entschwindet sie wie eine Fata Morgana ins Nichts.

war in früheren Zeiten durchaus üblich. Denken wir an das Nilpferd: kugelrund mit kurzen Beinen und plumpem Körper. Es hat wahrhaftig nichts mit einem edlen Ross gemeinsam und trotzdem suggeriert sein Name Nil-Pferd, dass es ein Pferd sei, das am Nil lebt. Da dürfen wir uns nicht wundern, wenn Megasthenes ein Nashorn ebenfalls mit einem Pferd vergleicht.

Nachdem wir nun das Rätsel um die unterschiedlichen Einhorn-Beschreibungen gelöst haben, gibt es aber noch eine verhängnisvolle Bemerkung von Ktesias, die wir näher überprüfen müssen. Er schreibt: „Abgefeilte Teilchen desselben [des Horns] werden in einen Trank getan und sind ein Schutzmittel gegen tödliche Stoffe [Gifte].“ Diese scheinbar harmlose

Rechte Seite oben:
Slains Castle bei Cruden Bay
Im finsteren Mittelalter gehörte der Giftmord zum Alltag. Das Horn des Einhorns sollte dagegen schützen.

Feststellung führte zu einer Katastrophe. Im Mittelalter entstand der folgenschwere Aberglaube, Pulver aus dem Horn eines Einhorns schütze gegen alle Krankheiten. Daraufhin begann die systematische Jagd auf Einhörner, die beinahe zur Ausrottung geführt hätte. Zum Glück überlebten einige wenige Exemplare in den unzugänglichen Einöden der schottischen Highlands, doch gemeinhin nahm man an, die Einhörner wären ausgestorben. Seither jagen Wilderer

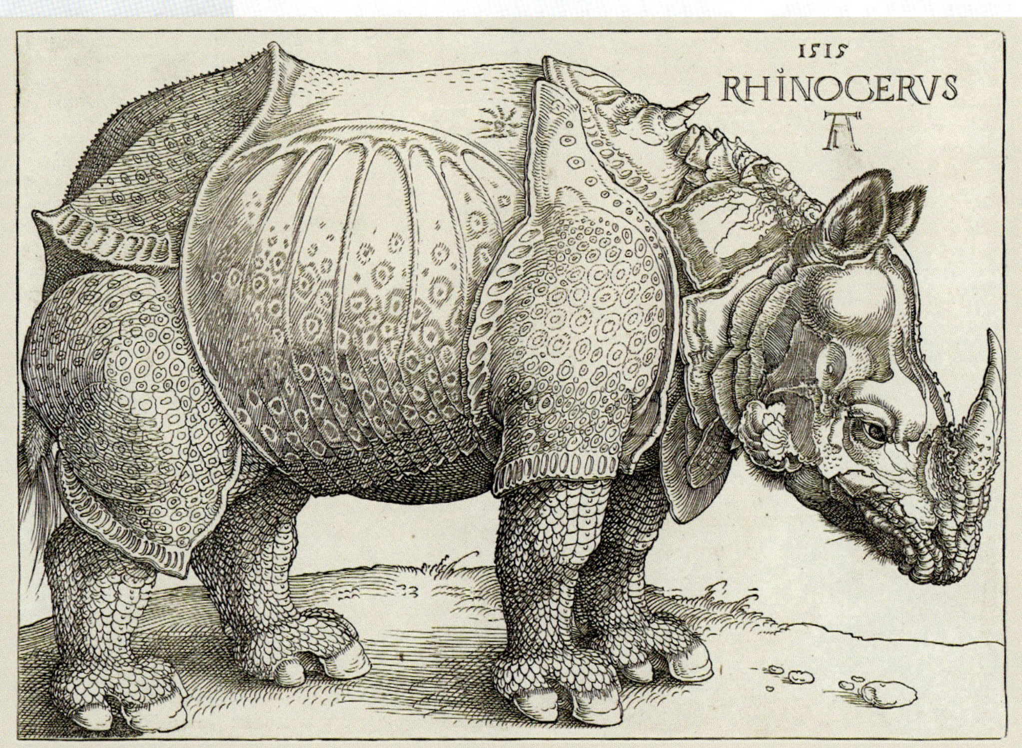

Indisches Panzernashorn, Holzschnitt von Albrecht Dürer (1515)
Wegen dieser Zeichnung von Dürer heißt das indische Nashorn im Deutschen auch Panzernashorn. Es besitzt nur ein Horn.

die Nashörner, denen ihr Horn ebenfalls zum Verhängnis wird, denn speziell in China und Vietnam erzielt man damit Rekordpreise. Es soll nicht nur Krebs und andere schwere Krankheiten heilen, sondern gilt auch als Aphrodisiakum und Potenzmittel. Wie konnte der Aberglaube solch irrwitzige Blüten treiben?

Rechte Seite unten:
Thurso Castle

Ktesias beschrieb eigentlich die Weiße Oryx, doch seine Behauptung, mit der alles Unheil begann, gilt nur für das Horn eines Nashorns. Es wächst nicht auf einem Knochen, wie die Hörner der Rinder, sondern ist ein aus verklebten Borsten hervorgegangener Auswuchs. Die Grundsubstanz ist Keratin, woraus auch menschliche Haare und Fingernägel aufgebaut sind. Heute ist es wissenschaftlich erwiesen, dass Pulver aus dem Horn von Nashörnern tatsächlich Gifte durch die sogenannte Adsorption bindet. In Indien, wo vier der berüchtigtsten Giftschlangenarten leben und heute noch jährlich 46 000 Menschen durch Schlangenbisse sterben, muss die heilende Wirkung des Nashorn-Pulvers wie ein Wunder erschienen sein. Und weil das indische Panzernashorn nur ein Horn hat, schrieb man die Heilkraft dem Einhorn zu und vermischte die Erzählungen mit der Beschreibung der Weißen Oryx. Ktesias gab es so weiter, ohne zu ahnen, dass er das Aussehen der Weißen Oryx und die giftbindende Wirkung des Nashorns beschrieb. Abschließend sei deshalb betont: Nashorn-Pulver kann nur Gifte binden! Alle anderen magischen Heilkräfte, um derentwillen heute unzählige Nashörner sinnlos ihr Leben lassen müssen, sind wissenschaftlich nicht bewiesen und gehören ins Reich des Aberglaubens!

Warum aber galt im Mittelalter das Einhorn-Pulver außerdem als Aphrodisiakum und Potenzmittel? Josef H. Reichholf vermutet, dass es abermals zu einer Verwechslung mit dem Nashorn kam. Auf seiner Reise durch den Vorderen Orient machte er eine erstaunliche Beobachtung. Im Jemen fertigen Wilderer noch

Bullers of Buchan bei Cruden Bay
Einhörner sind wilder als tosendes Wasser, temperamentvoller als Feuer, sie bringen im Zorn die Erde zum Beben und laufen schneller als der Wind. Dennoch sind sie im Gemüt die sanftesten Wesen.

heute Messerscheiden aus den Hörnern von Nashörnern an. „Einen Dolch mit einer Scheide aus Nashorn zu besitzen, soll augenfällig die Potenz des Trägers ausdrücken." (Reichholf, S. 189).

Fassen wir nun zusammen: Weder Ktesias noch Megasthenes haben eine Weiße Oryx oder ein Panzernashorn mit eigenen Augen gesehen, geschweige denn ein echtes Einhorn. Beide haben nur Erzählungen vom Hörensagen widergegeben. Diese Erzählungen, die in Indien wohl schon seit langer Zeit kursierten, vermischten die Eigenschaften von Weißer Oryx, Nashorn und echten Einhörnern zu einem bunten Potpourri. Ktesias schreibt: „Dieses Tier ist sehr schnell und stark. Kein Tier, weder ein Pferd noch ein anderes holt es ein, wenn es verfolgt wird." Diese Eigenschaft trifft auf die Weiße Oryx und Einhörner zu, wie wir aus späteren Berichten wissen. Gleichzeitig erwähnt Ktesias, das Horn besitze „einen Umfang von zwei Handbreiten". Damit ist ganz klar das Horn eines Nashorns gemeint, ebenso wie beim Schutzmittel gegen Gifte.

Bullers of Buchan bei Cruden Bay
Einhörner ziehen in der Regel als Einzelgänger umher. Nur einmal sah ich ein Muttertier mit seinem Fohlen (das braun war, ähnlich wie Schimmel zuerst grau zur Welt kommen).

Bei Megasthenes finden wir denselben Mischmasch. Er beschreibt ein Nashorn, listet aber zusätzlich Eigenschaften auf, die auf Einhörner zutreffen: „Ein Horn, das nicht glatt sei, sondern einige Biegungen von Natur habe." Das Horn des Nashorns ist glatt, das Horn der Oryx besitzt Querrillen und jenes des Einhorns längliche Spiralwindungen, die man am ehesten als Biegungen interpretieren kann.

Filtern wir nun die Eigenschaften der Einhörner heraus: Sie können schneller rennen als jedes andere Tier, sind wild, stark und unberechenbar. Wenn sie böse werden, attackieren sie die Jäger mit ihren spitzen Hörnern, um ihre Jungen zu verteidigen. Doch zur Paarungszeit erscheinen sie sanft und zahm. Meistens ziehen sie als Einzelgänger umher. Diese Beobachtung machte ich auch in Schottland, wo ich ein einziges Mal ein Muttertier mit seinem Fohlen sah, ansonsten erhaschte ich nach stunden- und tage- und wochenlangem Warten bestenfalls einen kurzen Blick auf ein einzelnes Einhorn, wenn überhaupt.

Oben und rechte Seite:
Fairy Glen auf der Isle of Skye
Julius Cäsar berichtet, dass in einem Gebirge Germaniens ein Tier mit einem einzigen Horn umherstreift.

Die Einhörner erreichen Germanien

Im 1. Jahrhundert v. Chr. erreichten die Einhörner auf ihrem Zug nach Westen das heutige Deutschland. Darüber berichtet kein Geringerer als Julius Cäsar, der mit seinen Truppen im Jahr 53 v. Chr. den Rhein überschritten und Germanien erkundet hat. In seinem Hauptwerk „Der Gallische Krieg" schreibt er im 6. Buch, Abschnitt 25 bis 28, über das Hercynische Waldgebirge (der Harz?). Wörtlich heißt es:

„Es gibt dort ein Rind von der Gestalt eines Hirsches. Mitten aus seiner Stirn ragt zwischen den Ohren ein einziges Horn hervor, höher und gerader als die uns Römern bekannten Hörner."

Skeptiker bezweifeln zwar, dass diese Passage von Cäsar selbst stammt, aber sie beweist, dass sich zu jener Zeit die Kunde von Einhörnern in Germanien verbreitete. Immerhin hat Cäsar zweimal den Rhein überquert und sich ins Feindesland vorgewagt, sodass er (oder sein Begleiter, der diese Zeilen schrieb) aus eigenen Erfahrungen über Germanien berichten konnte.

Rechts und rechte Seite:
Arbroath Abbey
Aus mehreren römischen Schriften erfahren wir weitere Details über die Einhörner.

Plinius, Aelian und Solinus – Einhörner im Römischen Reich

Bis heute ist nicht restlos geklärt, ob die Einhörner von Germanien aus über den Rhein oder die Donau ins Römische Reich gelangten oder von Südwesten her über die Türkei. Wie auch immer, Plinius der Ältere (23 bis 79 n. Chr.) erwähnt sie im 8. Buch seiner „Naturgeschichte“:

„Das wildeste Tier dort ist jedoch das Einhorn, dessen Körperbau dem des Pferdes ähnelt, das aber einen Hirschkopf, Elefantenfüße und einen Eberschwanz hat, laut brüllt und ein schwarzes, zwei Ellen langes Horn auf der Stirn trägt. Lebend soll man dieses Tier nicht fangen können.“

Plinius beschreibt auch das Nashorn (Rhinoceros) und schildert eine interessante Szene:

„Bei denselben Spielen sah man auch ein Rhinoceros mit einem Horn auf der Nase, wie man es später noch häufig gesehen hat. Dies ist ein zweiter geborener Feind des Elefanten. Es bereitet sich zum Kampf vor, indem es sein Horn an Steinen schärft und greift beim Kampf vorzugsweise den Bauch an, von dem es weiß, dass er weicher ist.“

Diese Feindschaft zwischen Nashorn und Elefant wurde im Mittelalter auf das Einhorn übertragen. Wir finden Zeichnungen, in denen ein Einhorn einem Elefanten in den Bauch sticht und ihn besiegt. Daraus zog man die Schlussfolgerung, dass das Einhorn das stärkste Tier auf Erden ist, wenn es sogar über Elefanten triumphiert, die größten und scheinbar kräftigsten Landtiere der Welt.

Queen Mary Psalter (um 1310)
Das Einhorn besiegt Elefanten und Löwen. Folglich ist es das stärkste Tier auf Erden.

Glenfinnan-Viadukt bei Glenfinnan

Rechte Seite oben:
Kilchurn Castle am Loch Awe
„Ein Einhorn jagen zu wollen, heißt das Unerreichbare zu verfolgen", schrieb Aelian.

Rechte Seite unten:
Boyne Castle bei Portsoy

Der nächste Römer, der über Einhörner schrieb, war Claudius Aelian (175 bis 235). Wir haben ihn bereits weiter oben kennengelernt, denn er fasste die Berichte von Megasthenes und Ktesias zusammen. Deshalb seien seine Ausführungen hier nicht nochmals wiederholt. Nur einen sehr poetischen Satz über Einhörner möchte ich dem Leser nicht vorenthalten:

„Diese Tiere sind viel schneller als jeder andere Esel, ja selbst schneller als jedes Pferd oder jeder Hirsch. ... Sie jagen zu wollen, heißt das Unerreichbare zu verfolgen."

Abschließend sei noch Julius Solinus genannt, ein römischer Schriftsteller aus dem 3. Jahrhundert. Er genoss es offenbar, den Lesern seines Werkes „Die Wunder der Welt" einen kalten Schauer über den Rücken zu jagen, denn die folgende Passage muss auf seine Zeitgenossen ziemlich Furcht einflößend gewirkt haben:

„Aber das schrecklichste aller Ungeheuer ist das Einhorn, ein entsetzlich brüllendes Monstrum, mit dem Körper eines Pferdes, den Füßen eines Elefanten, dem Schwanz eines Schweines, dem Kopf eines Hirsches und einem Horn in der Mitte der Stirn, das merkwürdig glänzend herausragt, etwa vier Fuß lang [ungefähr 120 Zentimeter] ist und alles durchbohrt, worauf es stößt. Lebendig kommt es niemals in die Gewalt des Menschen, denn weil es alles aus dem Weg räumt, kann es nicht gefangen werden."

Hier taucht erstmals ein Hinweis auf das glänzende Horn auf, was ich aus meinen Beobachtungen der schottischen Einhörner nur bestätigen kann. Aber warum glänzt es? Im Mittelalter fand man des Rätsels Lösung, doch wir wollen hier nicht vorgreifen, sondern zuerst jenes Werk untersuchen, dem die Einhörner ihre ganze, bis heute anhaltende Popularität verdanken: die Bibel.

Kelso Abbey
In der Bibel tummeln sich – je nach Übersetzung – acht bis elf Einhörner.

Die Bibel – Eine Fundgrube für Einhorn-Forscher

Wer heute die Bibel zur Hand nimmt, hat das Gefühl, es sei ein einziges Buch aus einem Guss. In Wirklichkeit ist es eine Sammlung unterschiedlichster Texte, die zunächst in althebräischer Sprache verfasst wurden. Im 3. Jahrhundert v. Chr. beauftragte der ägyptische König Ptolomäus II. jedoch 72 Gelehrte, das Alte Testament ins Griechische zu übersetzen. Die 72 Gelehrten machten sich mit Feuereifer ans Werk und schafften die Übersetzung in einer Rekordzeit von 72 Tagen, denn sie wurden vom Heiligen Geist inspiriert und erleuchtet, wie man in späteren Kirchenkommentaren nachlesen kann. Wegen der Zahl 72 heißt diese Übersetzung Septuaginta (lateinisch für 70, man rundete von 72 auf 70 ab). Und was finden wir zu unserer freudigen Überraschung darin? Einhörner! Damit war es nun amtlich: Einhörner existieren! Wer im Mittelalter an den Worten der Bibel zweifelte, landete postwendend auf dem nächsten Scheiterhaufen.

Unsere speziellen Freunde, die Skeptiker, wollen die Septuaginta trotzdem nicht gelten lassen. Heiliger Geist hin oder her – die Übersetzung sei falsch! Die Gelehrten übersetzten nämlich das althebräische Wort „re'em" ins Griechische „monoceros", was ohne jeden Zweifel „Einhorn" bedeutet (mono = einzeln,

Linke Seite:
St Mary's Chapel bei Rattray

ceros = Horn). Ein Fehler! In Wirklichkeit bedeute „re'em" eher „wildes Tier", womit wohl ein Wildstier oder Büffel gemeint sei. Kurzum: Das Einhorn habe sich unrechtmäßig durch einen Übersetzungsfehler in die Bibel hineingeschlichen. Diese Behauptung wird heute in allen traditionellen Einhorn-Büchern gebetsmühlenartig wiederholt.

Doch das Problem ist verzwickter. John Wilhelm von Müller untersucht in seinem Buch „Das Einhorn vom geschichtlichen und naturwissenschaftlichen Standpunkte betrachtet" auf ganzen 14 Seiten, was „re'em" eigentlich bedeutet. Es leitet sich von „rûm" ab, was „hochsein" heißt. Somit spricht alles dafür, dass „re'em" ein Einhorn meint und die Übersetzung der 72 Gelehrten korrekt ist. Fest steht, dass die Gelehrten im 3. Jahrhundert v. Chr. das Althebräische perfekt beherrschten und sich im Vollbesitz ihrer geistigen Kräfte für „monoceros" entschieden. Erscheint es da nicht als überhebliche Anmaßung ohnegleichen, wenn moderne Übersetzer vorgeben, sie würden das Althebräische besser kennen als die Gelehrten des Altertums? Außerdem weist Müller darauf hin, dass der althebräische Bibeltext nicht nur ins Griechische übersetzt wurde, sondern auch in andere Sprachen, beispielsweise ins Äthiopische. Und was finden wir in dieser Version? „Achadu karnu", achadu für eins und karnu für Horn, das macht zusammen ein Einhorn! Alle Behauptungen, es läge ein Übersetzungsfehler vor, sind somit frei aus der Luft gegriffen.

Um das Jahr 383 n. Chr. übertrug der heilige Hieronymus die Septuaginta erstmals ins Lateinische. Aus „monoceros" wurde „unicornis". Basierend auf dieser Übersetzung entstand im 8. oder 9. Jahrhundert die sogenannte Vulgata, jene lateinische Bibel, die während des gesamten Mittelalters von der Kirche verwendet wurde (vorher konkurrierten andere Bibelübersetzungen mit jener von Hieronymus). Als Luther die Bibel ins Deutsche übersetzte, zog er die Vulgata und die Septuaginta heran und verwendete vollkommen korrekt den Ausdruck Einhorn. So steht es in der ersten Fassung von 1545 und in der Fassung von 1912. Wer jetzt aber zur Bibel greift und nachliest, erlebt eine herbe Enttäuschung. Weil nicht sein kann, was nicht sein darf, schmissen die modernen Übersetzer das Einhorn hochkant hinaus und ersetzten es durch Wildstier, Ochsen oder Büffel – zuerst in der katholischen Bibel, genauer gesagt in der deutschen Einheitsübersetzung von 1980. Die evangelische Kirche folgte dem schlechten Beispiel und komplimentierte das Einhorn 1984 ebenfalls aus der Lutherbibel hinaus.

Elgin Cathedral
Einhörner stolzieren gleich den Engeln gerne über geheiligten Boden.

Schottisches Hochlandrind bei Dunvegan Castle (Isle of Skye)
In den modernen Bibelübersetzungen wurde das Einhorn gegen den Wildstier ausgetauscht.

Aber jetzt sei der Leser nicht länger auf die Folter gespannt. Nachfolgend die entsprechenden Stellen aus der Lutherbibel (1912), danach der schwache Ersatz der Einheitsübersetzung *(EÜ)*.

1. Einhorn im 4. Buch Moses (Numeri) 23,22: *„Gott hat sie [das Volk Israels] aus Ägypten geführt, seine Freudigkeit ist wie eines Einhorns." (EÜ: Wildstier)*

Müller weist darauf hin, dass das althebräische Wort nicht nur Freudigkeit, sondern auch Schnelligkeit bedeuten kann, was in diesem Fall mehr Sinn macht: Gottes Schnelligkeit ist wie die eines Einhorns. Das Einhorn wird hier also positiv, mit göttlichen Eigenschaften dargestellt.

2. Einhorn im 4. Buch Moses (Numeri) 24,8, wo fast derselbe Satz steht: *„Gott hat ihn aus Ägypten geführt, seine Freudigkeit ist wie eines Einhorns." (EÜ: Wildstier)*

3. Einhorn im 5. Buch Moses (Deuteronomium) 33,17: *„Seine Herrlichkeit ist wie eines erstgeborenen Stieres, und seine Hörner sind wie Einhornshörner; mit denselben wird er die Völker stoßen zuhauf bis an des Landes Ende." (EÜ: Büffelhörner)*

Im Alten Testament sind Hörner ein Symbol für Kraft und Macht. „Seine Hörner sind wie Einhornshörner" bedeutet, dass Gott (trotz der Mehrzahl) nur ein einziges Horn trägt – es kann nur einen Gott geben. Auch hier erscheinen die Einhörner im positiven Licht, ein Symbol für göttliche Macht und Stärke.

4. Einhorn bei Hiob 39,9: *„Meinst du das Einhorn werde dir dienen und werde bleiben an deiner Krippe?“* (EÜ: Wildstier)

Eine rhetorische Frage, die Gott an Hiob stellt. Die Antwort ist ein klares Nein! Natürlich wird das Einhorn dem armen Hiob nicht dienen, denn es ist bis zum heutigen Tage wild und ungezähmt. Wildstiere haben sich dagegen domestizieren lassen und eignen sich deshalb nicht als Symbol für Wildheit und Freiheit.

Stuttgarter Psalter (um 820)
Jesus fleht: „Errette mich von den Einhörnern!“ Diesen unschuldigen Wesen wurden fälschlicherweise dämonische Eigenschaften zugeschrieben.

5. Einhorn im Psalm 22,22: *„Hilf mir aus dem Rachen des Löwen und errette mich von den Einhörnern.“* (EÜ: Büffel)

Dieser Psalm spielt eine ganz besondere Rolle, denn mit diesen Worten soll Jesus seinen Vater im Himmel angefleht haben, als er am Kreuz hing. Leider kommen die Einhörner hier nicht gut weg, denn sie erscheinen als wilde Bestien, wie die Löwen.

ist. Meynstu das Einhorn werd dir dienen/
vnd werd bleiben an deiner krippe? Kanstu

banon. Vnd wirdt sie vmbbringen wie ein
Kalb auff dem Libanon/aber der geliebt ist
wie eins Einhorns son. Die stim̃ des Her-

6. Einhorn im Psalm 29,5–6: *„Die Stimme des Herrn zerbricht die Zedern; der Herr zerbricht die Zedern im Libanon. Und macht sie hüpfen wie ein Kalb, den Libanon und Sirjon wie ein junges Einhorn.“* (EÜ: Wildstier)

Diese Zeilen erscheinen schwer verständlich und es würde hier zu weit führen, alle Hintergründe zu beleuchten. Wenn es ein Trost ist: Schon die Kirchenväter beschäftigten sich mit dem tieferen Sinn. Papst Gregor der Große (540 bis 604) kam zum Schluss, dass mit dem jungen Einhorn niemand anderer als Christus gemeint sein kann. Das Ein-Horn symbolisierte ja den einen Gott, folglich ist das junge Einhorn der Sohn des einen Gottes. Dieser Vergleich gefiel den Menschen im Mittelalter, so dass wir immer wieder Darstellungen von Jesus mit einem Einhorn finden.

Links oben:
Dietenberger-Bibel von 1564
„Meinst du, das Einhorn werde dir dienen und wird bleiben an deiner Krippe?“

Links unten:
Dietenberger-Bibel von 1564
„Und wird sie umbringen wie ein Kalb auf dem Libanon, aber der geliebt ist wie eines Einhorns Sohn.“

Friedhof von Kinfauns
Das Einhorn gleicht dem strahlenden Licht Gottes.

7. Einhorn im Psalm 92,11: *„Aber mein Horn wird erhöht werden wie eines Einhorns, und ich werde gesalbt mit frischem Öl." (EÜ: Stier)*

Nachdem das Horn Kraft und Stärke symbolisiert, gewinnt man an Kraft und Stärke, wenn das Horn höher wird und man die Kraft eines Einhorns bekommt.

8. Einhorn bei Jesaja 34,6–7: *„Des Herrn Schwert ist voll Blut und dick von Fett, vom Blut der Lämmer und Böcke, von der Nieren Fett aus den Widdern; denn der Herr hält ein Schlachten zu Bozra und ein großes Würgen im Lande Edom. Da werden die Einhörner samt ihnen [den Heiden] herunter müssen und die Farren [Hausrind] samt den gemästeten Ochsen." (EÜ: Büffel)*

Dies ist eine Drohung gegen alle Feinde Gottes. Heute würde man sagen: „Die Heiden werden mit Mann und Maus untergehen." Im Alten Testament schrieb Jesaja sinngemäß das gleiche: „Die Heiden werden mitsamt ihren Einhörnern, Rindern und Ochsen untergehen." Aus rätselhaften Gründen stehen die Einhörner jetzt plötzlich auf der Seite der Heiden und sind somit Feinde Gottes.

Nach Luthers sensationellem Erfolg musste auch die katholische Kirche zähneknirschend eine deutsche Bibelübersetzung in Auftrag geben. Mit etwas Glück findet man in älteren katholischen Bibeln noch ein neuntes Einhorn, zum Beispiel in der Bibel von Johann Dietenberger (1564), Psalm 77,69: *„Und bauet sein[en] heilige[n] Bau (oder Tempel) wie der Einhörner im Land das er ewiglich gegrundet hat."*

„Dort baute er sein hoch aufragendes Heiligtum, so fest wie die Erde, die er für immer gegründet hat.", steht in der Einheitsübersetzung. Ausnahmsweise muss man ihr recht geben. Die 72 Gelehrten lasen im althebräischen Text irrtümlich „re'em" statt „ramim"

Rechts:
Dietenberger-Bibel von 1564

Vnd bawet seiñ heiligẽ baw (oder tempel) wie der einhörner/ im land das er ewiglich gegrundet hat. Vnd erwelet seinen knecht

(Höhen), so dass sich in der Septuaginta ebenfalls neun Einhörner tummeln. Was soll man dazu sagen? Auf den Heiligen Geist und seine Erleuchtung ist auch kein Verlass mehr. Dietenberger griff bei seiner Übersetzung auf die Septuaginta zurück und übersetzte „monoceros" brav mit „Einhorn".

Suchen wir weiter. Der heilige Hieronymus mochte offenbar keine Einhörner, denn er nahm sich die Freiheit, Psalm 37,20 eigenmächtig zu erweitern und den armen Tieren den Tod zu wünschen. Eigentlich heißt es kurz und knapp: *„Doch die Frevler gehen zugrunde" (EÜ)*, aber Hieronymus ergänzte: *„Die Feinde des Herrn werden umkommen wie die Einhörner."*

Dieses war der zehnte Streich, doch der elfte folgt sogleich. Wer die Bibel aufmerksam liest, entdeckt nämlich ein weiteres Einhorn, die Nr. 11. Es wird zwar nicht Einhorn genannt, aber die Beschreibung ist so klar und eindeutig, dass nicht einmal die Einheitsübersetzung es totschweigen kann. Im Buch Daniel 8,5–8 steht: *„Dann bemerkte ich einen Ziegenbock; er überquerte von Westen her die ganze Erde, ohne aber den Boden zu berühren; der Bock hatte ein auffallendes Horn zwischen den Augen. Er lief zu dem Widder mit den zwei Hörnern, den ich am Kanal stehen sah, und rannte mit grimmiger Kraft auf ihn los. Ich sah, wie er auf den Widder losging und ihm wütend zusetzte. Er stieß gegen den Widder und brach ihm beide Hörner ab. Der Widder hatte nicht die Kraft, ihm standzuhalten. Da warf der Ziegenbock ihn zu Boden und zertrat ihn; und niemand war da, um den Widder aus seiner Gewalt zu retten. Der Ziegenbock wurde über die Maßen groß. Als er aber am stärksten war, brach das große Horn ab." (EÜ)*

Friedhof von Kinfauns

Ist es nicht eine Frechheit, ein edles Einhorn mit einem Ziegenbock zu vergleichen? Darunter leiden die Einhörner bis heute. In der Folge wurde ihnen nämlich ein Ziegenbart angedichtet, den wir auf unzähligen Gemälden, Zeichnungen und Wandteppichen sehen.

Baldoon Castle bei Bladnoch
Aufgrund einer Bibelstelle wurde den Einhörnern ein Ziegenbart angedichtet, was jeglicher Grundlage entbehrt.

Deshalb sei hier klargestellt: Ich habe in Schottland kein einziges Einhorn mit Ziegenbart entdeckt. Jede Verwandtschaft zwischen Einhörnern und Ziegen ist frei aus der Luft gegriffen!

Fassen wir nun zusammen, was wir in der Bibel über Einhörner erfahren. Einigkeit besteht offenbar nur darüber, dass sie sehr wilde, starke, mächtige, unzähmbare und schnelle Tiere sind. Ansonsten scheiden sich die Geister. Anfangs kann man nur Gutes über sie sagen, ja sie erscheinen sogar als Symbol für Jesus, doch plötzlich kippt die Stimmung. Ausgerechnet Jesus, der selbst ein junges Einhorn sein soll, bittet Gott um die Errettung von den bestialischen Einhörnern, die sich später als Gottes Feinde entpuppen. Anscheinend symbolisieren Einhörner Gut und Böse zugleich. Auf diese Doppelrolle blieben sie während des ganzen Mittelalters fixiert. Einerseits finden wir sie neben Jesus und der Jungfrau Maria, andererseits stellte man zahlreiche Teufel mit nur einem Horn dar – eine unverhohlene Anspielung auf die dämonischen Einhörner. Den tieferen Sinn erfahren wir später, wenn die Jagd auf Einhörner eröffnet wird.

St Andrews Cathedral
Geliebt und verteufelt. In der Bibel symbolisieren Einhörner Gut und Böse zugleich.

Bow Fiddle Rock in Portknockie
Als die Sintflut ausbrach, wartete das Einhorn brav auf eine Mitfahrgelegenheit in der Arche.

Nach der Sintflut

Wenn es Einhörner gibt, muss Gott sie erschaffen haben. Diese Schlussfolgerung zogen bereits die Menschen im Mittelalter, doch sie fanden in der Genesis keinen genaueren Hinweis. So entstand folgende Legende, die Aleke Thuja in ihrem Buch „Dem Einhorn auf der Spur" nacherzählt:

„Gott forderte Adam auf, die Tiere zu benennen. Alle Kreaturen versammelten sich um ihn: jene, die auf dem Lande wohnten, die Bewohner der Lüfte und des Wassers; Tiere mit zwei oder mehr Beinen, mit buschigen Schwänzen und jene, die im Dunkeln zu sehen vermochten. Alle waren sie gleichwertig, und Adam war nur einer von ihnen. Erst als er begann, sie mit Namen zu belegen, wandte er sich von ihnen.

Bibel Royal (um 1440)
Das erste Tier, dem Adam einen Namen gab, war das Einhorn.

Oben links und oben:
Basaltsäulen bei der „Gold Cave“ nahe Kilmuir (Isle of Skye)
Weil das Einhorn in der Arche unabsichtlich andere Tiere mit seinem Horn pikste, warf Noah es ohne Skrupel ins Wasser.

Links:
Newark Castle bei St Monans

Bass Rock bei North Berwick
Dank seiner Stärke konnte das Einhorn 40 Tage und 40 Nächte schwimmen.

Das erste Tier, dem er einen Namen gab, war das Einhorn. Als Gott den Namen hörte, kam er hernieder und berührte die Spitze des einzigen Hornes, das diesem Tier auf der Stirn wuchs. Von da an war das Einhorn erhöht über die anderen Tiere. Adam und Eva konnten auf seinem Rücken reiten. Alle Tiere und das Menschenpaar lebten in Frieden miteinander, bis zu jenem Tage, als Adam und Eva von der verbotenen Frucht aßen. Sie probierten die Früchte der Erkenntnis, fingen an, sich zu schämen und mit dem Laub der Blätter zu bekleiden. Gott war erzürnt über ihre Tat und vertrieb sie aus dem Garten Eden. Zwei Cherubim [Engel] mit flammenden Schwertern bewachten fortan den Eingang.

Gott gab dem Einhorn die Wahl, im Paradies zu bleiben oder Adam und Eva zu begleiten, dorthin wo Pest und Kriege herrschen, die Kinder unter Schmerzen geboren werden und alles Leben sterblich ist. Das Einhorn folgte Adam und Eva. Für sein Mitleid wurde das Einhorn mit besonderen Gaben gesegnet. Wählte es doch aus Liebe den schweren Weg der Menschen und blieb nicht an jenem Ort der Schönheit und Freude." (S. 29 f.)

Damit war die Frage nach der Herkunft der Einhörner zur allgemeinen Zufriedenheit beantwortet. Aber eine Sache machte die Leute stutzig. Wenn es Einhörner gibt, warum sieht man sie nie? Heute wissen wir, dass Einhörner extrem scheue Tiere sind, meist nur einzeln umherstreifen und bei den geringsten Anzeichen von Gefahr genauso schnell im Nirgendwo verschwinden, wie sie aufgetaucht sind.

All das wusste man im Mittelalter nicht und fand deshalb eine andere Erklärung: Einhörner haben die

Castle Stalker am Loch Linnhe
Den Untergang bescherten ihm erst die frechen Vögel, die sich auf sein Horn setzten und es unter Wasser drückten.

Sintflut nicht überlebt! Oskar Dähnhardt erzählt in seinem Buch „Natursagen" zwei aufschlussreiche Legenden. Eine polnische Sage lautet: Als Noah je ein Paar aller Tiere in die Arche ließ, nahm er auch das Einhorn auf. Doch es pikste andere Tiere mit seinem Horn, worauf Noah es ohne Bedenken ins Wasser warf. Anfangs schwamm das Einhorn. Aber als das Wasser alle Berge und Bäume überschwemmte, setzte sich eine Menge Vögel auf sein Horn und drückte seinen Kopf durch ihr Gewicht nieder, dass es ertrinken musste.

Ähnlich eine russische Überlieferung: Alle Tiere gehorchten Noah, als er sie in die Arche nahm. Nur das Einhorn nicht. Das vertraute seiner Kraft und sagte: „Ich will schwimmen!" 40 Tage und 40 Nächte gab es einen heißen Regen, und das Wasser kochte wie in einem Topfe, und es wurden alle Höhen überschwemmt. Die Vögel klammerten sich längs der Arche an, doch wenn die Arche sich neigte, nahmen alle ein unfreiwilliges Bad. Jenes Einhorn aber schwamm und schwamm. Da beschlossen die Vögel, sich lieber auf sein Horn zu setzen als auf den Rand der Arche. Als sich jedoch die frechen Piepmätze auf seinem Horn festkrallten, ging das Einhorn unter, und deshalb gibt's heutzutage keines mehr. (1. Band, S. 289)

Zum Glück ist dies nur eine Legende und die Einhörner überlebten in Wirklichkeit die Sintflut. Wie so oft dürfte in dieser Legende aber ein Körnchen Wahrheit stecken und wir müssen im Hinterkopf behalten, dass Einhörner ausgezeichnete Schwimmer sind, denn nur so konnten sie dem späteren Unheil entgehen.

Kinloss Abbey
Jesus wurde damals mit einem Einhorn gleichgesetzt. Die Engel wollten ihn nicht aus dem Himmel hinauslassen, da sie sein Ende voraussahen.

Der Physiologus

Wir stecken jetzt schon mitten in der Gedankenwelt des Mittelalters, müssen aber zuvor noch ein weiteres Werk behandeln, das die mittelalterlichen Vorstellungen vom Einhorn entscheidend geprägt hat: der Physiologus (wörtlich: „Der Naturkundige"). Ein anonymer Verfasser schrieb ihn um das Jahr 200 n. Chr. Auf den ersten Blick erscheint der Physiologus als Lehrbuch über Tiere, Pflanzen und Mineralien, doch das ist nur die halbe Wahrheit. Im Grunde ist es ein Leitfaden für Priester: Am Anfang steht ein Bibelspruch, danach folgt die wissenschaftliche Information und am Schluss die christliche Moral von der Geschicht'. Offenbar diente das Buch als Inspirationsquelle für volkstümliche Predigten, was auch seinen enormen Erfolg und die riesige Verbreitung erklärt. Die Geschichten wurden immer wieder überarbeitet und ausgeschmückt, so dass zwischen dem 3. und 14. Jahrhundert verschiedene Fassungen entstanden. In der Urfassung lesen wir:

„Und es wird erhöht werden", sagt der Psalmist, „mein Horn wie das des Einhorns." Der Physiologus erzählte vom Einhorn, dass es folgende Eigenschaften hat. Es ist ein kleines Tier, ähnlich einem Böcklein, es ist aber sehr listig, und der Jäger kann sich ihm nicht nähern, weil es große Kraft besitzt. Es hat ein Horn in der Mitte seines Kopfes. Ich will nun erzählen, wie es gefangen wird.

Eine reine Jungfrau, welche bekleidet ist, schicken sie [die Jäger] ihm entgegen. Und das Tier springt in den Schoß der Jungfrau. Und sie bemächtigt sich seiner, und es folgt ihr, und sie bringt es zum Palast des Königs.

Dies wird nun übertragen auf das Bildnis unseres Heilands. Denn es wurde auferweckt aus dem Hause David das Horn unseres Vaters, und wurde uns zum Horn des Heils. Nicht vermochten die Engelsgewalten ihn zu bewältigen, sondern er ging ein in den Leib der wahrhaftigen und immerdar jungfräulichen Maria, und das Wort ward Fleisch, und wohnet unter uns.

Zu Beginn des 2. Absatzes wird Jesus quasi mit einem Einhorn gleichgesetzt. Doch der letzte Satz ist heute völlig unverständlich. Dahinter steckt folgender Gedanke: Nachdem Gott beschlossen hatte, seinen Sohn auf die Erde zu schicken, um die Menschen von der Erbsünde zu erlösen, wollten die Engel Jesus nicht aus dem Himmel hinauslassen (wahrscheinlich weil sie sein tragisches Ende kannten, denn Engel können in die Zukunft blicken). Sie konnten Jesus aber nicht halten, er ging ein in den Leib der Jungfrau Maria. Und nachdem nun die Einhörner im Umkehrschluss quasi wie Jesus sind, springen sie instinktiv ebenfalls in den Schoß einer Jungfrau und können so gefangen werden. Einziger Haken: Ein ausgewachsenes Einhorn kann schlecht in den Schoß einer Jungfrau springen. Wahrscheinlich ließ es der Autor deshalb auf die Größe eines Böckleins schrumpfen – eine Falschmeldung, die wir getrost ignorieren können. In Wirklichkeit legten die Einhörner einfach ihren Kopf in den Schoß der Jungfrau, wie wir aus anderen Quellen wissen.

In einem weiteren Kapitel heißt es:

„Zweite Eigenschaft. Es gibt ein Tier, Einhorn genannt. In jenen Gegenden gibt es einen großen See, und da sammeln sich die wilden Tiere um zu trinken. Ehe jedoch die Tiere versammelt sind, kriecht die Schlange heran und speit ihr Gift in das Wasser. Die Tiere nun spüren das Gift und wagen nicht zu trinken; und da warten sie auf das Einhorn. Es kommt und geht sogleich in den See hinein und schlägt mit dem Horn ein Kreuz. Damit macht es die Kraft des Giftes unschädlich, und da es von dem Wasser trinkt, trinken auch alle anderen Tiere."

Theodor Psalter (von 1066)
Das Einhorn (= Jesus) geht ein in den Schoß der Jungfrau Maria. Für den Fall, dass jemand die Symbolik nicht versteht, wurde oben zur Sicherheit das Bild der Muttergottes mit dem Jesuskind hingemalt.

Smailholm Tower bei Kelso
Wenn Einhörner ihr Horn ins Wasser tauchen, können sie alle Gifte neutralisieren.

Die Schutzwirkung vor Giften lobte schon Ktesias. Der Physiologus baut diesen Gedanken aus und versichert uns abermals, dass das Horn ein Gift neutralisieren kann. Eine spätere Physiologus-Fassung aus dem 14. Jahrhundert bringt zudem einen neuen, ganz erstaunlichen Charakterzug ans Licht: Einhörner scheinen vergnügungssüchtig zu sein!

„Seine zweite Natur: Dieses Tier, ich meine das Einhorn, liebt sehr die Freude. Was tun nun die, die es jagen? Sie nehmen Trommeln, Trompeten, Saiteninstrumente und was den Menschen sonst noch einfällt, ziehen an den Ort, wo das Tier ist, und führen einen Tanz auf, wobei sie auf den Trompeten und was sie sonst noch haben spielen und laut beim Tanzen schreien. Eine einzelne Frau setzen sie anderswo an einen Baum, nahe bei ihm. Sie schmücken sie und geben ihr einen Strick, der an dem Baum festgebunden ist. Wenn das Einhorn den Lärm der Menschen und Trompeten hört, kommt es nahe an den Platz heran und schaut und hört, was sie treiben, und wagt nicht, sich ihnen zu nähern. Wenn es aber die Frau allein dort ruhen sieht, kommt es heran, springt auf sie zu und reibt sich an ihren Knien, und während die Frau es besänftigt, schläft es ein. Dann fesselt sie es mit dem Strick und bringt es weg und überführt es. Das Einhorn aber wacht auf und kann nicht mehr gehen, weil es mit dem Strick überwältigt ist. Viel geschunden, stößt es das Horn ab und läuft davon; und da nehmen die Jäger das Horn an sich. Es ist nämlich als Heilmittel gegen die Schlangen nützlich.“

Oben links:
„Cross Well" (Kreuzbrunnen) in Linlithgow
Einhörner lieben Tanz und Musik. Die Jäger machten sich diese Schwäche zunutze und lockten sie in eine Falle.

Oben und links:
Linlithgow Palace in Linlithgow

Rechte Seite oben:
Brough Castle (Cumbria)

„Des Einhorns Geliebte" (Radierung, um 1465)
Einer Jungfrau konnten die Einhörner nicht widerstehen, was ihnen zum Verhängnis wurde. Hier hält die listige Maid schon das Halsband bereit.

Rechte Seite unten:
Fairy Pools bei Glenbrittle (Isle of Skye)
Einhörner treffen sich gerne mit Elfen an den Feen-Pools, um mit ihnen zu tanzen.

Angeblich soll die Begeisterung der Einhörner für Tanz und Musik auf die indische „Legende vom Asketen Einhorn" zurückgehen, die wir im 2. Kapitel kennengelernt haben. Der Asket wird von der schönen Tochter ja auch mit Tanz und Musik verführt, weshalb man in allen traditionellen Einhorn-Büchern nachlesen kann, die indische Legende hätte den Physiologus inspiriert. Meiner Meinung nach ist das an den Haaren herbeigezogen. Warum soll der Verfasser des Physiologus nicht selbst diese Beobachtung gemacht haben? Pferde sind ausgesprochen musikalische und tanzfreudige Tiere, wie jeder weiß, der schon einmal die Spanische Hofreitschule in Wien besucht hat. Dort tanzen Lipizzaner (die nächsten Verwandten der Einhörner) zu klassischer Musik. Deshalb liegt die Vermutung nahe, dass auch Einhörner diesen Vergnügungen nachgehen. Und wenn wir uns die aktuelle Flut von Comics und Zeichnungen anschauen, sehen wir fast immer vergnügte Einhörner. Offenbar liegt diese Fröhlichkeit einfach in ihrer Natur.

Fassen wir zusammen. Der Physiologus diente in ganz Europa den Priestern als Vorlage für ihre Predigten. Somit hörten die Gläubigen bei der Messe immer wieder von Einhörnern – sehr zu ihrem Entzücken. Der Physiologus erfreute sich einer ungeheuren Popularität und wurde in praktisch allen europäischen Ländern auch in die Landessprachen übersetzt. Zudem beeinflusste er die Künstler, die sich ebenfalls von den Geschichten inspirieren ließen und unzählige Holzstiche, Zeichnungen und Gemälde von Einhörnern anfertigten. Für das Volk stellte sich allerdings die Frage: Wo sind sie denn, die Einhörner, von denen man so viel hört, aber so wenig sieht? Da tauchten die ersten Beweise auf, die jeder mit eigenen Augen sehen konnte und die selbst hartgesottene Skeptiker verstummen ließen.

Girnigoe und Sinclair Castle bei Wick
Ab und zu verirrten sich Narwale an die Küste Schottlands.

Rechte Seite oben und unten: ***„Gold Cave" bei Kilmuir (Isle of Skye)***

Die ersten Beweise: Der Mythos wird Realität

Vermutlich im 11. Jahrhundert machten Seefahrer, wahrscheinlich die Wikinger, eine sensationelle Entdeckung. Aus den eisigen Fluten des Polarmeeres tauchten plötzlich Meereseinhörner auf! Sie waren etwa sechs Meter lang, sahen aus wie Wale und sind auch Wale, wie wir heute wissen: Narwale. Bei den männlichen Tieren ragt auf dem Kopf ein einzelner, spiralförmig gedrehter Stoßzahn empor, der eine Länge von zwei bis drei Metern erreicht. Genauso stellte man sich das Horn eines Einhorns vor! Zugegeben, der Stoßzahn eines Narwals ist ein wenig länger, aber die Spiralen entsprechen genau der Beschreibung von Megasthenes.

Vielleicht jagten die Wikinger diese seltsamen Tiere, die bevorzugt am Rande des Packeises leben. Vielleicht strandeten Narwale auch an den Küsten von Island, Grönland oder Schottland und man konnte sich so ihrer Stoßzähne bemächtigen. Die Anfänge

Narwal
(Quelle: Wikipedia)
In betrügerischer Absicht verkauften Händler den Stoßzahn des Narwals als Horn des Einhorns.

Apotheke im Schloss Kuks (Tschechien)
Der Stoßzahn eines Narwals kann bis zu drei Meter lang werden und gilt heute noch als Schatz in Schlössern, Kirchen, Klöstern und Apotheken.

des Horn-Handels liegen im Dunkeln, da ja die Händler das Geheimnis um die wahre Herkunft der begehrten Objekte wie ihren Augapfel hüteten.

Wie auch immer, im 11. Jahrhundert verkauften findige Kaufleute den Stoßzahn des Narwals als Horn des Einhorns. Alle Herrscherhäuser Europas rissen sich darum. Der Stoßzahn mit einem Gewicht von acht bis zehn Kilogramm erzielte Rekordpreise und wurde mit dem zwanzigfachen Gewicht in Gold aufgewogen! Könige und Fürsten scheuten keine Kosten und Mühen, um in den Genuss der magischen Heilkräfte zu kommen. Der Physiologus bestätigte ja, dass das Horn alle Gifte neutralisieren konnte. Gerade im Mittelalter war Gift das beliebteste Mittel, um einen Herrscher um die Ecke zu bringen. Was lag da näher, als sich mit Einhorn-Pulver gegen Mordanschläge zu schützen?

Außerdem zerstreuten die Narwal-Stoßzähne alle Zweifel an der Existenz der Einhörner. Auch wenn man die menschenscheuen Tiere kaum je erblickt hatte, konnte man nun ihre Hörner bestaunen, die wegen der astronomischen Preise als Status-Symbol galten, ähnlich wie heute ein Rolls-Royce.

Der erste schriftliche Beleg für Narwal-Stoßzähne stammt aus dem Jahr 1095, wie Jürgen W. Einhorn in seinem Buch „Spiritalis Unicornis" auf Seite 343 nachweist. Damals schenkte Abt Wulfram von Prüm seinem Bruder Conrad, Bischof von Utrecht, zwei solche Hörner. Die zweite Erwähnung stammt aus dem Jahr 1256, als man ein solches Wunderhorn in der Kirche von Brügge ausstellte. In einer Inventarliste des englischen Königs Edward I. taucht ein Horn 1303 auf, ebenso beim französischen Herzog von Berry in der Liste von 1388. Daran können wir die Besitzer erkennen: Bischof, Kirche, König, Herzog.

Dank der Bibel, dem Physiologus und den Hörnern begann nun die Blütezeit des Einhorn-Kultes, der allerdings auch seine Schattenseiten hatte, wie sich bald zeigen sollte.

Rechte Seite:
Ecclesgreig House bei St Cyrus
Nur die reichsten Herrscher rühmten sich mit dem Horn, das 20 Mal wertvoller war als Gold.

2. Teil

Der Traum von einem

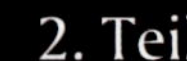

Einhorn in dunkler Ze

Findlater Castle bei Sandend

Hildegard von Bingen

Zwischen 1150 und 1160 schrieb die große Mystikerin und Äbtissin Hildegard von Bingen (1098 bis 1179) eines ihrer bedeutendsten Werke über die Heilkräfte der Natur: „Physica", zu Deutsch „Naturkunde". Darin schildert sie die heilsame Wirkung von Pflanzen und Kräutern, erwähnt aber auch Tiere und Mineralien. Natürlich darf das Einhorn nicht fehlen, von dem Hildegard folgendes zu berichten weiß:

„Das Einhorn (unicornus) ist eher warm als kalt(blütig); aber seine Stärke ist noch größer als seine Wärme, und es ist ein Pflanzenfresser, und in sich selbst hat es gleichsam einen Sprung, und es flieht den Menschen und fremde Tiere, auch solche, die ihm nahestehen, und man kann es nicht fangen. Es fürchtet sehr den Mann und scheut vor ihm zurück; so wie die Schlange beim ersten Sündenfall sich vom Mann abwandte und das Weib anblickte, so meidet auch dieses Tier den Mann, um vielmehr den Frauen zu folgen. Es war aber einmal ein Philosoph, der die Natur der Tiere untersuchte, dieses Tier aber durch keine Kunst zu fangen verstand und sich darüber sehr verwunderte. Dieser war eines schönen Tages wie gewöhnlich früh unterwegs und Männer, Frauen und Mädchen begleiteten ihn. Die Mädchen aber hatten sich von den Männern getrennt und spielten allein zwischen den Blumen. Da sah ein wahrhaftes Einhorn die Mädchen und näherte sich ihnen sprunghaft, betrachtete sie einzeln, legte sich dann mit seinen Vorderfüßen zu ihnen und wurde seinerseits von ihnen freundlich betrachtet. Der Philosoph aber, dies bemerkend, widmete dem seine ganze Aufmerksam-

Wollgras am Duncansby Head
Einmal im Jahr kommt das Einhorn in den Paradiesgarten und verspeist die besten Pflanzen, wodurch es große Kräfte erlangt.

keit, und als er wahrnahm, dass sich das Einhorn von den Mädchen bannen ließ, näherte er sich von hinten und fing es mit Hilfe der Mädchen. Das Einhorn aber war zu verwundert, nachdem es lange die Mädchen angeschaut hatte, weil sie wie die Männer aussahen, aber dennoch keine Bärte trugen; und als es bei zweien oder dreien das gleiche feststellte, war es noch verwunderter und wurde schnell gefangen, als es mit seinen in ihren Augen versunken war. Die Mädchen aber, die zu diesem Fang in der Lage sind, müssen adeliger und nicht bäurischer Herkunft sein, und sie dürfen weder zu jung noch zu alt sein, vielmehr müssen sie am Beginn des Erwachsenenalters sein, und es freut sich, wenn sie blondhaarig und kussbereit sind. Stets nur einmal im Jahr kommt es auf diesen paradiesischen Platz, wo die besten Pflanzen blühen, die es dann verspeist, und dadurch erlangt es große Kräfte, die anderen Tieren abgehen. Unter seinem Horn aber hat es ein ehernes Gefäß, das gleichsam ein durchsichtiges Gebilde ist und zwar auf die Weise, dass der Mensch in ihm seine eigene Erscheinung wie in einem Spiegel erblicken kann, aber dennoch ist es an sich nicht sehr wertvoll.

Wenn man aber die Leber des Einhorns pulverisiert und dieses schmalzige Pulver mit Eigelb mischt, so erhält man eine Salbe, die bei häufigem Gebrauch jede Art von Aussatz heilt, es sei denn, dass der Kranke dem Tod übereignet ist und Gott ihn nicht heilen will. … Ein Gürtel aus der Haut des Einhorns schützt vor Pest und Fieber. … Schuhe aus Einhornleder verleihen gesunde Füße, Unterschenkel und Gelenke. … Das Übrige, was am Einhorn ist, passt nicht als Heilmittel." (7. Buch, 5. Kapitel)

Linke Seite:
Baum neben der Fairy Bridge bei Elleric
Hildegard von Bingen schrieb über die Heilkräfte der Natur, wobei sie dem Einhorn ein eigenes Kapitel widmete.

Friedhof von Kilmartin
Ein Gürtel aus dem Fell des Einhorns schützt vor Pest und Fieber, behauptete Hildegard von Bingen.

Es scheint beinahe, als ob Hildegard den Fang eines echten Einhorns miterlebt hat, so detailliert ist ihre Beschreibung. Auch die Anleitungen im letzten Absatz wirken wie Erfahrungen aus erster Hand. Ob Hildegard sich selbst eine Salbe gemischt, einen Gürtel umgelegt und Schuhe aus Einhornleder getragen hat? Wir werden es nie erfahren, doch das staunende Volk erfuhr nun, dass man sich mit Einhorn-Salbe und -Gürteln auch vor Lepra, Pest und Fieber schützen konnte. Wer möchte das nicht? Plötzlich erkannte man den praktischen Nutzen eines Einhorns, das damit zu einem Objekt der Begierde wurde. Man gab sich nicht mehr mit dem Horn allein zufrieden (das Hildegard seltsamerweise gar nicht erwähnt), nein, man brauchte auch das Fell und die Leber. Doch woher sollte man sie beschaffen?

Ehe wir auf dieses Problem eingehen, sei noch jene rätselhafte Bemerkung untersucht: Unter dem Horn

Buchanan Castle bei Drymen
Das Horn strahlt einen magischen Glanz aus, weil darunter ein Karfunkelstein sitzt.

befinde sich ein ehernes Gefäß. In anderen Übersetzungen wird es auch als „gläsern-durchsichtiges Erz" bezeichnet. Darin kann der Mensch seine eigene Erscheinung wie in einem Spiegel erblicken. Was hat es damit auf sich?

In der Literatur sucht man vergeblich nach Deutungsversuchen. Meinte Hildegard einen Seelenspiegel? Oder ein Drittes Auge, mit dem man spirituelle Erfahrungen gewinnen kann und das man sich auf der Mitte der Stirn vorstellt, also genau an jener Stelle, wo das Horn des Einhorns sitzt? Befremdlich wirkt überdies der Zusatz: „aber dennoch ist es an sich nicht sehr wertvoll". Hildegard nahm das Geheimnis dieses rätselhaften Gefäßes mit ins Grab, doch die Frage nach seiner Bedeutung beschäftigte offenbar auch ihre Zeitgenossen, was uns nun auf die Spur des Heiligen Grals bringt.

Parzival und der Karfunkelstein

Fast zur gleichen Zeit wie Hildegards „Physica“ schrieb der Pfaffe Lamprecht sein „Alexanderlied“ (um 1160), das die Heldentaten Alexanders des Großen glorifiziert. Nach seiner Rückkehr vom siegreichen Feldzug bekam Alexander von der Königin Kandakis ein ganz besonderes Geschenk: ein Einhorn! Ganz nebenbei erfahren wir, dass es einen „Carbunkel trägt“, ohne genauere Erklärung. Ein Carbunkel ist nichts anderes als ein Karfunkelstein, ein mittelalterlicher Sammelbegriff für rote Edelsteine wie den Granat oder den Rubin. Im Alexanderlied finden wir den ersten Hinweis darauf, dass Einhörner einen solchen Stein unter dem Hornansatz tragen. Wie kam der Pfaffe Lamprecht auf diese Idee? Möglicherweise hatte er mit eigenen Augen ein Einhorn gesehen und wunderte sich über den magischen Glanz des Horns, für den er nun eine Erklärung suchte. Vielleicht kannte er Hildegards Ausführungen und interpretierte das „gläsern-durchsichtige Erz“ als Edelstein, was glaubwürdiger erscheint, denn Edelsteine sind im Gegensatz zu Eisenerz tatsächlich gläsern und durchsichtig. Vielleicht ließ sich Lamprecht aber auch vom Drachenstein inspirieren. Der Legende nach befindet sich im Kopf eines jeden Drachen ein Stein, der wundersame Heil- und Zauberkräfte besitzt. Vielleicht spielte alles zusammen.

Warkworth Castle (Northumberland)
Um den Gralskönig zu heilen, wurde ein Einhorn gefangen.

Die Nachricht vom Karfunkelstein unter dem Horn des Einhorns verbreitete sich wie ein Lauffeuer, aber nicht wegen des Alexanderliedes oder Hildegards „Physica", sondern dank „Parzival" – neben dem Nibelungenlied das bedeutendste deutsche Epos des Mittelalters. Wolfram von Eschenbach schrieb dieses monumentale Werk in den Jahren 1200 bis 1210 und es gibt heute keinen Zweifel, dass er sowohl das Alexanderlied wie auch Hildegards „Physica" kannte. Im „Parzival" taucht ein Einhorn im Zusammenhang mit dem Heiligen Gral auf, weshalb wir näher auf dieses Werk eingehen wollen. Ganz kurz zum Inhalt:

Parzivals Vater und seine Brüder waren als Ritter allesamt im Kampf gefallen. Um ihren jüngsten Sohn vor diesem grausigen Schicksal zu bewahren, zog sich seine Mutter mit ihm in die Einöde zurück, wo Parzival in völliger Weltabgeschiedenheit aufwuchs. Eines Tages begegnete er jedoch einigen Rittern, die er wegen ihrer schimmernden Rüstungen für Engel hielt. Parzival war sofort Feuer und Flamme. Voll Begeisterung zog er hinaus in die Welt, um ebenfalls ein Ritter zu werden.

Nach einigen Abenteuern verschlug es Parzival auf die Burg von Gurnemanz, einem freundlichen Herrn, der schnell die abgrundtiefen Wissenslücken seines Gastes

Linke Seite:
Conwy Castle (Wales)
Im Kopf eines jeden Drachen liegt ein wundersamer Zauberstein verborgen.

Forse Castle
Parzival traf auf einen Einsiedler, der ihm von einem Einhorn erzählte.

Rechte Seite:
Abbey in Dundrennan

erkannte. So gab er ihm einen Schnellkurs in allem, was ein Ritter können und wissen musste: vom Gebrauch der Waffen angefangen bis hin zu den höfischen Verhaltensregeln. Insbesondere schärfte er Parzival ein, niemals geschwätzig zu sein und keine kindischen Fragen zu stellen.

Schließlich kam Parzival auf die Gralsburg, wo ihn König Anfortas freundlich empfing. Anfortas litt unter einer Verletzung, die aus rätselhaften Gründen nicht heilen wollte. Parzival lag es auf der Zunge, nach dem Grund der Verletzung zu fragen, doch er verkniff sich die Frage aus Angst, geschwätzig zu erscheinen und gegen die Benimm-Regeln zu verstoßen.

Als er am nächsten Tag erwachte, war die Burg verlassen. Parzival ritt davon und traf eine Frau, die ihn darüber aufklärte, dass er den Gralskönig von seinem Leiden erlösen hätte können, wenn er die simple Frage „Herr, was fehlt euch?" gestellt hätte. Zerknirscht machte sich Parzival abermals auf die Suche nach der Gralsburg. Erst nach langer, langer Zeit kam er wieder in ihre Nähe, doch bevor er die Burg betrat, begegnete er einem Einsiedler, der ihn über die geheimnisvollen Vorgänge auf der Burg aufklärte: „Dort wohnt also eine tapfere Schar [die Gralsritter], und ich will Euch auch erzählen, wovon sie leben: Sie erhalten Speise und Trank von einem makellos reinen Stein, und wenn Ihr bisher noch nichts von ihm gehört habt, wird er Euch jetzt beschrieben. Er heißt Lapsit exillis. … Erblickt ein todkranker Mensch diesen Stein, dann kann ihm in der folgenden Woche der Tod nichts anhaben. Er altert auch nicht, sondern sein Leib

bleibt wie zu der Zeit, da er den Stein erblickte. Ob Jungfrau oder Mann: Wenn sie, in der Blüte ihres Lebens stehend, den Stein 200 Jahre lang ansehen, ergraut lediglich ihr Haar. Der Stein verleiht den Menschen solche Lebenskraft, dass der Körper seine Jugendfrische bewahrt. Diesen Stein nennt man auch den Gral."

Gebannt lauschte Parzival den Worten des Einsiedlers, der ihm erzählte, dass König Anfortas bei einem Zweikampf von einer vergifteten Lanze an der Scham verwundet wurde und seither rettungslos dahinsiecht. Man zeigte ihm den Gral, doch der konnte die Wunde nicht heilen. Daraufhin probierte man verschiedene andere Heilmethoden aus: „Ferner gibt es ein Tier, das man Einhorn nennt. Dieses Tier fühlt zu einer unberührten Jungfrau so großes Zutrauen, dass es in ihrem Schoße einschläft. Um die Qualen des Königs zu lindern, beschafften wir uns das Herz des Tieres und den Karfunkelstein, der im Stirnknochen unter dem Horn wächst. Erst führten wir den Stein nur über die Wunde, dann drückten wir ihn hinein, doch die Wunde behielt ihre giftige Färbung, und wir litten mit dem König." (Strophe 482, Zeile 25 ff.)

Erst als Parzival abermals auf die Gralsburg ritt und die entscheidende Frage stellte, konnte er Anfortas erlösen. Daraufhin wurde Parzival zum neuen Gralskönig ernannt.

Seltsam. Wolfram von Eschenbach beschreibt den Gral ausdrücklich als Stein, während ihn frühere Autoren als Schale (Chrétien de Troyes, 1170) oder als Kelch des letzten Abendmahls sahen (Robert de Boron, 1200). Vielleicht dachte Wolfram an den Schwarzen Stein, den die Moslems in Mekka verehren. Wahrscheinlicher ist aber, dass er sich an den Alexanderroman erinnerte, der eine interessante Passage enthält: Nach seinen endlosen Siegen und Triumphen wurde Alexander der Große so hochmütig, dass er beschloss, das Paradies zu erobern und sich die Engel untertan zu machen. Tatsächlich gelang es ihm, bis zum Eingang des Paradieses vorzudringen. Dort erwartete ihn jedoch ein alter Mann, der ihm einen Edelstein überreichte. Durch diesen Stein fiel es Alexander wie Schuppen von den Augen, welch Frevel es wäre, gewaltsam ins Paradies einzudringen. So legte er seine Überheblichkeit und seinen Hochmut ab und übte sich fortan in Bescheidenheit und Demut.

Wolfram ließ sich wahrscheinlich beides Mal vom Alexanderlied inspirieren, sowohl bei der Beschreibung des Grals als auch beim Karfunkelstein. Er nennt beide Steine in einem Atemzug. Auch wenn sonnenklar ist, dass es zwei verschiedene Steine sind, so werden dennoch beide zur Heilung von Anfortas eingesetzt. Beide erweisen sich in diesem speziellen Fall als wirkungslos, aber nur deshalb, weil Parzivals Frage „Herr, was fehlt euch?" den dramaturgischen Höhepunkt der Geschichte darstellt. Wolfram wollte zeigen, dass die jungen Ritter manchmal die alten, sinnentleerten Regeln („Man darf nicht geschwätzig erscheinen!") brechen müssen.

Durch die enge Verbindung von Gral und Karfunkelstein entstand beim Volk mitunter der Eindruck, ein Karfunkelstein sei fast so gut wie der Heilige Gral und

Linke Seite:
Dryburgh Abbey
Alexander der Große wollte das Paradies erobern. Am Eingang überreichte ihm ein alter Mann einen Stein, der sein Leben veränderte.

Sligachan Bridge in Sligachan (Isle of Skye)
An der Schwelle des Todes führt eine Brücke vom Diesseits ins Jenseits.

besitze ähnliche Eigenschaften, das heißt, er könne ewiges Leben garantieren. Dieser Glaube hat sich bis zum heutigen Tage erhalten. Im Roman „Harry Potter und der Stein der Weisen" von Joanne K. Rowling trinkt der skrupellose Lord Voldemort das Blut eines Einhorns, um am Leben zu bleiben. Und in „Das letzte Einhorn" von Peter S. Beagle lesen wir, dass Einhörner unsterblich sind. Diesen Mythos vom Lebenselixier und der Unsterblichkeit finden wir in keinem der frühen Berichte, er lässt sich nur durch die Verbindung Einhorn-Karfunkelstein-Gral erklären.

In einem ganz anderen Zusammenhang erwähnt Wolfram von Eschenbach das Einhorn noch an einer zweiten Stelle: „An Treue dem Einhorn gleich, war dieses Ideal von einem Mann, das ist die Wahrheit." (Strophe 613, Zeile 22). Gemeint ist die höchste Treue, also die Liebe bis zum Tod. Damit wurde das Einhorn zu einem Sinnbild ewiger und reiner Liebe und es überrascht nicht, dass geschnitzte oder aufgemalte Einhörner viele Schmuckkästchen zierten, die sich Liebende schenkten.

Ziehen wir eine Zwischenbilanz. Die Berichte des Altertums lobten die heilende Wirkung des Hornpulvers gegen Gifte. Hildegard von Bingen erweiterte die Liste um die Leber und das Fell, die bei Aussatz, Pest und Fieber helfen sollten. Wolfram von Eschenbach fügte das Herz und den Karfunkelstein hinzu. Wen wundert es, dass die Liste immer länger und länger wurde? Hier ein Beispiel, das Winfried Hagenmaier in seinem Buch „Das Einhorn" aufzählt: „So

Girnigoe und Sinclair Castle bei Wick
Einhorn-Pulver sollte vor dem sicheren Tod bewahren.

war der Glaube an die heilende Wirkung des Horns in Europa vom 11. bis zum 17. Jahrhundert weit verbreitet. In pulverisierter Form diente es als Gegenmittel bei vielen Krankheiten: Epilepsie, Fieber, Pest, Leibschmerzen, Erkältungskrankheiten, Geschwüre, Skorbut, Wassersucht, Gicht, Schwindsucht, Ödem, Husten, Herzklopfen, Ohnmachtsanfälle, Krämpfe, Mumps, Rachitis, Melancholie, Bleichsucht, Verstopfung und Kinderkrankheiten. Es fand aber auch als Aphrodisiakum und Potenzmittel Verwendung." (S. 80) Fehlt irgendetwas in dieser Liste?

Man darf getrost sagen, dass Einhornpulver als Allheilmittel galt. Aber woher nehmen und nicht stehlen? Da häuften sich zum Glück die Augenzeugenberichte über tatsächliche Einhorn-Sichtungen.

Augenzeugen und Reiseberichte

Honorius von Autun schrieb um 1120 sein Erdkundebuch „De imagine mundi" („Weltbild"), in dem er auch das Einhorn anführte. Später verfasste er das Predigtbuch „Speculum Ecclesiae" („Kirchenspiegel"), wo er das Thema Einhorn abermals aufgriff: „Durch dieses Tier wird Christus dargestellt, durch das Horn seine unüberwindliche Kraft. Wie das Tier im Schoß der Jungfrau von den Jägern gefangen wird, so wird er in menschlicher Gestalt von denen gefunden, die ihn lieben." Beide Bücher beeinflussten das Weltbild im 12. und 13. Jahrhundert, wobei allerdings unklar bleibt, ob Honorius wirklich selbst ein Einhorn gesehen hat.

Oben:
Aigas House bei Aigas

Oben rechts:
City Chambers in Dunfermline

Rechts:
Dunfermline Abbey

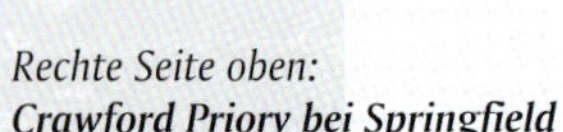

Rechte Seite oben:
Crawford Priory bei Springfield

Rechte Seite unten:
Glamis Castle

Aussagekräftiger ist dagegen ein Reisebericht von Johannes Witte de Hese, einem Priester aus Utrecht, der 1389 durchs Heilige Land pilgerte und eine sensationelle Beobachtung machte:

„Und in der Nähe dieser Gegend gibt es einen Fluss, der Marach genannt wird, voll bitteren Wassers, in ihn hat Moses seinen Stab getaucht, und er hat süßen Geschmack angenommen, aus dem haben die Kinder Israel getrunken. Und noch heutzutage, so wird erzählt, vergiften schädliche Tiere dieses Wasser nach Sonnenuntergang, so dass die guten Tiere danach nicht mehr trinken können. Und am Morgen nach dem Sonnenaufgang kommt das Einhorn, taucht sein Horn in besagten Fluss und vertreibt dadurch das Gift aus ihm, so dass die guten Tiere am Tag das Wasser wieder zu sich nehmen können. Das habe ich selbst gesehen.“

Im Jahr 1486 unternahm der Kaplan Felix Faber ebenfalls eine Pilgerreise nach Jerusalem. Von dort brach er mit einer Karawane zu einer Erkundungstour auf. Als sie ein Gebirge erreichten, ereignete sich ein ungewöhnlicher Zwischenfall:

„Gegen Mittag erblickten wir auf dem Gipfel eines Berges ein Tier, das auf uns hinabsah. Wir glaubten, dass es ein Kamel sei, und wunderten uns, wie ein Kamel in der Einöde leben könne, und es begann ein Gespräch unter uns, ob es wohl auch Waldkamele gebe. Der Reiseführer aber trat zu uns und versicherte uns, das Tier sei ein Einhorn, und er zeigte uns das eine Horn, das aus seiner Stirn ragte. Mit großer Sorgfalt sahen wir uns dieses überaus edle Tier an und bedauerten, dass es

Links:
Duntulm Castle auf der Isle of Skye
Auf dem Gipfel eines Berges sah eine Reisegruppe ein Einhorn stehen.

Linke Seite:
Duncansby Head
„Hexenhüte" nennt der Volksmund diese drei Klippen.

nicht näher war, so dass wir es noch genauer betrachten könnten. Denn dieses Tier ist in vieler Hinsicht ganz einzigartig. Insbesondere soll es sehr wild sein. Es hat ein einziges Horn von vier Fuß Länge [etwa 120 Zentimeter], so spitz und stark, dass es alles, was es auch sei, verletzt oder durchbohrt und an den Felsen nagelt. Auch hat das Horn einen zauberhaften Glanz; Stücke davon werden den edelsten Steinen gleich geachtet und in Gold und Silber gefasst. Das Tier ist so wild, dass es mit keiner Kunst oder Tüchtigkeit der Jäger gefangen werden kann, sondern man setzt ihm – wie die Naturforscher versichern – ein jungfräuliches Mädchen vor. Das öffnet ihm, wenn es herzuläuft, den Busen, und in den legt es, aller Wildheit beraubt, seinen Kopf, und so betäubt werde es wehrlos von den Speeren der Jäger getötet. Wenn es aber überhaupt lebend gefangen werde, könne man es nicht halten, geschehe das aber mit Gewalt, so sterbe es auf der Stelle vor Trauer, weil es ein unzähmbares Tier ist. Es ist so stark, dass die Heilige Schrift, Numeri 23, Gottes Stärke mit der seinen vergleicht, und so unzähmbar, dass es, Hiob 39, heißt: Niemals wirst du das Einhorn zum Pflügen an dein Joch binden usw. David spricht vom Einhorn in guter und böser Bedeutung. Es ist ein großes Tier mit dem Leib eines Pferdes, den Füßen eines Elefanten, einem Schweineschwanz. Es ist von der Farbe des Buchsbaumholzes und stößt ein furchtbares Gebrüll aus. Es kämpft mit dem Elefanten und besiegt ihn, indem es ihm das Horn in die Weichteile stößt. Es verehrt, wie gesagt, in wunderbarer Weise die Jungfrauen. Von Pompejus dem Großen wurde, wie

Holzschnitt aus dem Reisebericht von Bernhard von Breidenbach (1486)
Breidenbach zeichnete alle Tiere, die er auf der Pilgerreise mit Felix Faber gesehen hatte.

Albertus in seinem Tierbuche sagt, ein Einhorn zu Schauspielen nach Rom gebracht.

So machten wir lange Halt unter dem Berge, auf dem das Tier stand, und es schien, wie sein Anblick uns erfreulich war, so auch unser Anblick ihm, denn das Tier stand still und floh nicht, bis wir uns entfernten."

Wer hat sich nicht schon darüber gewundert, dass es auf der ganzen Welt keinen einzigen Zoo gibt, in dem wir ein Einhorn bestaunen können? Hier finden wir die Antwort: Weil die Tiere in Gefangenschaft vor Trauer sterben. An dieser Stelle sei darauf hingewiesen, dass es einmal sehr wohl den Versuch gab, ein Einhorn in einem Zoo zu halten. Carl Barks, einer der besten Disney-Zeichner, erzählt die Geschichte im Donald-Duck-Comic „Die Jagd auf das Einhorn" (Original von 1949, heute in „Barks Donald Duck Band 04" nachzulesen). Onkel Dagobert ließ den größten Privatzoo der Welt bauen, in dem alles zu sehen war, was auf Erden kreucht und fleucht. Nur ein einziges Tier fehlte ihm: ein Einhorn. Verzweifelt rief er seinen Neffen Donald, der meinte, es könne daran liegen, dass es gar keine Einhörner gibt! Doch Onkel Dagobert widersprach energisch. Wie es der Zufall so wollte, hatte einer seiner Piloten erst vor ein paar Tagen ein Einhorn im Himalaya fotografiert. Donald solle es fangen, wofür eine stattliche Belohnung winkte. So begab sich Donald zusammen mit Tick, Trick und Track auf eine gefährliche Himalaya-Expedition, heimlich verfolgt vom Glückspilz Gustav Gans, der ebenfalls auf diese Belohnung scharf war. Nach einigen Abenteuern

Ardvreck Castle am Loch Assynt
Moos war das einzige Heilmittel, das ein Einhorn genesen ließ.

fanden sie das Einhorn, das wegen seiner weißen Tarnfarbe noch niemand zuvor im ewigen Schnee und Eis entdeckt hatte. Doch in letzter Minute schaffte es Gustav Gans, Donald zuvorzukommen und das wilde Tier zu fangen, und so kassierte er die Belohnung. Eingesperrt im Zoo weigerte sich das Einhorn allerdings zu fressen. Alle Tierärzte waren ratlos und es schien keine Hoffnung mehr für das dahinsiechende Einhorn zu geben. Da setzte Onkel Dagobert abermals eine Belohnung aus. Vorsorglicherweise hatte Tick etwas Moos vom Himalaya mitgenommen und als er dem Einhorn seine gewohnte Nahrung unter die Nase hielt, erwachten seine Lebensgeister wieder und es ließ sich aufpäppeln. Zum Dank wurden Donald und seine drei Neffen viel reicher belohnt als zuvor Gustav Gans.

Wir sind jetzt bereits mitten in der Einhorn-Jagd, die in Wirklichkeit natürlich viel blutiger ablief. Sie begann im 12. Jahrhundert. In allen früheren Schriften erfahren wir nur vom Ködern mit einer Jungfrau, die das überrumpelte Tier anschließend zum Schloss des Königs bringt. Erst danach berichten die Überlieferungen von Jägern, die es offenbar auf das unermesslich wertvolle Horn, das Fell sowie Herz und Leber abgesehen hatten. Am Anfang ahnte niemand, welch dramatisches Ausmaß die Jagd bald annehmen würde.

Linke Seite:
Kilt Rock und Mealt-Wasserfall bei Elishader (Isle of Skye)
Einhörner müssen frei leben, denn in Gefangenschaft sterben sie vor Trauer.

Seite 84/85:
„Queen's Inner Hall" im Stirling Castle
5. Wandteppich des Einhorn-Zyklus: Die Jungfrau lockt das Einhorn an.

Dunscaith Castle auf der Isle of Skye
Einhörner entkommen ihren Jägern, indem sie in einen Abgrund springen und die Wucht des Aufpralls mit ihrem Horn abfangen.

Die Jagd beginnt

Warum ist es so gut wie unmöglich, Einhörner zu fangen? Weil sie erstens sehr scheu sind und zweitens schneller rennen können als jedes andere Tier. Es gibt aber noch einen dritten Grund, der nicht übersehen werden darf: Sie sind ausgesprochen raffiniert! Kosmas Indikopleustes, ein griechischer Indien-Reisender aus dem 6. Jahrhundert, berichtet, wie Einhörner selbst in ausweglosen Situationen ihren Jägern ein Schnippchen schlagen: Wenn die Jäger das Einhorn umzingeln und es scheinbar in der Falle sitzt, springt es kopfüber in den nächsten Abgrund. Dabei kommt es aber keineswegs ums Leben, nein, im Gegenteil. Geschickt dreht es sich in der Luft, so dass es mit seinem Horn die Wucht des Aufpralls abfangen kann. Unversehrt sucht es quietschfidel das Weite, während ihm die Jäger mit dummen Gesichtern nachschauen. Außerdem schreibt Kosmas, dass ein Einhorn in seiner Wut ganze Bäume ausreißen kann. Und sein spitzes Horn, das es gelegentlich an einem Stein schärft, durchbohrt jeden Schild.

Kein Zweifel: Mit einer traditionellen Jagd lassen sich Einhörner nicht fangen, dazu sind sie zu schnell, zu schlau und zu stark. Somit bleibt nur der Trick mit der Jungfrau, die als Lockvogel herhalten muss, doch auch diese Methode birgt ihre Risiken. Wehe, wenn die vermeintliche Jungfrau keine echte Jungfrau ist, dann hat ihr letztes Stündlein geschlagen, wie Rudolf von Ems in seiner „Weltchronik“ (um 1250) ausführt:

Dunstanburgh Castle (Northumberland)
Präsentiert sich eine falsche Jungfrau, so wird sie vom Einhorn sofort aufgespießt.

„Da gibt es auch Einhörner. ... Das Tier ist so böse, stark, aggressiv und tapfer und so furchtlos, dass nur eine keusche Jungfrau es fangen kann. Sobald es vorkommt, dass es die Jungfrau vor sich sitzen sieht, wird es ganz zahm. Es legt seinen Kopf in ihren Schoß und ruht anmutig bei ihr, aufgrund ihrer Keuschheit. So kann man es auf deren Körper fangen. Wenn sie aber eine Frau ist und sich selbst als Jungfrau ausgibt, lässt es sie nicht am Leben und zeigt ihr gegenüber große Wut: es durchbohrt sie mit seinem Horn und bestraft so die Lüge, die sie über sich selbst verbreitet.“ (aus: Hagenmaier, S. 50)

Dies führte zur allseits beliebten und im Mittelalter häufig praktizierten Jungfräulichkeitsprobe. Selbst wenn man gar kein Einhorn fangen wollte, zwang man eine Heiratskandidatin, sich in den Wald zu setzen und zu warten, bis das Einhorn kam. Kehrte das Mädchen lebend zurück, wusste man, dass es eine Jungfrau war. Fand man sie dagegen durchbohrt im Wald, war sie als Schwindlerin entlarvt.

Bis heute bleibt es ein Rätsel, warum die Einhörner immer und immer wieder auf die Jungfrau als Köder hereinfielen. Eine mögliche Erklärung lautet, dass die Einhörner selbst so reine und unbescholtene Wesen waren, dass sie einem anderen reinen Wesen keine Gemeinheit und Niedertracht zutrauten. Tatsächlich galten Einhörner als Sinnbild für Reinheit und Keuschheit, wozu auch ihre weiße Farbe maßgeblich beitrug. Während ältere Berichte noch bis zu fünf verschiedene Farben erwähnen, finden wir auf Gemälden ab dem beginnenden 16. Jahrhundert praktisch nur noch weiße

„King's Bedchamber" im Stirling Castle
Eiserne Kette und Halsband erinnern noch heute an die brutale Fangmethode.

Einhörner. Auch darüber rätselt die Wissenschaft. Eine Theorie besagt, dass es in der Realität durchaus verschiedenfarbige Tiere gab, die Maler aber bewusst Weiß wählten, um die Reinheit zu symbolisieren. Eine andere Hypothese wäre, dass weiße Tiere im Winter quasi eine Tarnfarbe hatten. Während man schwarze und braune Einhörner im Schnee deutlich erkennen, anlocken und töten konnte, blieben die weißen unbemerkt, so dass letztlich nur sie überlebten.

Kommen wir nun zur Jagd selbst. Was sich genau abspielte, liegt bis heute im Dunkeln. Es gibt keine schriftlichen Augenzeugenberichte, es existieren keine Zahlen, wie viele Einhörner tatsächlich erlegt wurden und wir wissen nichts Konkretes über die Hintermänner. Die meisten Forscher kapitulieren angesichts dieser dürftigen Beweislage und erklären, die Einhorn-Jagd sei ein reines Fantasieprodukt und habe in der Realität niemals stattgefunden. Damit lässt sich allerdings die überbordende Fülle von Zeichnungen, Gemälden und Wandteppichen mit Jagdszenen ebenso wenig erklären wie das mysteriöse Verschwinden der Einhörner.

Anhand der unzähligen Bilddokumente kann man den Ablauf der Jagd sehr wohl rekonstruieren. In seinem Buch „Spiritalis Unicornis" listet Jürgen W. Einhorn knapp 200 Zeichnungen und andere bildliche Darstellungen der Jagd auf. Aus ihnen lässt sich schließen, wie die Jäger vorgingen: Sie platzierten eine Jungfrau auf einer Waldlichtung und banden eine Kette mit einem eisernen Halsband an einen Baum. Vielleicht verwendete man ursprünglich Stricke, doch die Einhörner dürften sie mit ihrer unbändigen Kraft zerrissen haben, weshalb man zu Ketten überging. Noch heute können wir auf unzähligen Einhorn-Darstellungen in Schottland deutlich die Kette und das eiserne Halsband erkennen, was an diese Fang-Methode erinnert. Wenn das Einhorn kam und seinen Kopf in den Schoß der Jungfrau legte, schnappte die Falle zu. Die Jungfrau legte ihm das Halsband um, so dass es kein Entrinnen mehr gab. Die Jäger stürmten hinter den Büschen und Bäumen hervor, hinter denen sie sich versteckt hatten, und töteten das wehrlose Tier mit Lanzen. Im Physiologus ist davon allerdings keine Rede. Dort lesen wir noch die harmlose Version: Die Jungfrau brachte das Einhorn zum Palast des Königs. Davon merkte man ab dem 12. Jahrhundert nichts mehr. Die Gier nach dem unermesslich wertvollen Horn hatte alle gepackt, so dass die Einhörner ihre Unvorsichtigkeit mit dem Leben bezahlen mussten. Anschließend sägte man den toten Tieren das Horn ab und zerrieb es zu Pulver – im festen Glauben, es würde alle Krankheiten heilen. Aus diesem Grund findet man heute keine Hörner von echten Einhörnern mehr. Übrig geblieben sind nur die Hörner der Narwale, die als Prunkstücke in diversen Schatzkammern zu bewundern sind. Mit der Zeit erkannte man nämlich, dass diese Hörner keine Heilwirkung zeigten und verzichtete auf die Pulverisierung.

Halten wir einen Moment inne. Haben wir nicht bei den Kirchenvätern gelesen, dass das Einhorn ein Symbol für Christus sei? Wie ist es dann möglich, dass man ungestraft Jagd auf ein höchst christliches Tier machen konnte? Logischerweise sollte man eigentlich erwarten, dass Einhörner wie die heiligen Kühe in Indien behandelt würden, das heißt, niemand darf ihnen ein Leid zufügen. In der Realität trat allerdings genau das Gegenteil ein.

Dieser Widerspruch fiel auch der Kirche auf, doch die Geistlichen waren selbst erpicht auf das Einhorn-Pulver. Martin Luther bekam beispielsweise kurz vor seinem Tod noch jenes wunderträchtige Mittel verabreicht – offenbar ohne den gewünschten Erfolg. Aber wie auch immer, anstatt die Einhorn-Jagd zu verbieten, entwickelte die Kirche eine kühne (oder sollte man sagen: absurde?) Theorie: Die Einhorn-Jagd sei ein Gleichnis für die Menschwerdung Christi. Dahinter steckte folgender Gedanke: Als Gott seinem Sohn mitteilte, dass er auf die Erde müsse, um die Menschen von der Erbsünde zu erlösen, ahnte Jesus wohl, dass dieses Abenteuer ein böses Ende nehmen werde. Daher weigerte er sich und wollte lieber im himmlischen Paradies bleiben. Doch er hatte die Rechnung ohne den Erzengel Gabriel gemacht. Als Jäger trieb er Jesus (in Gestalt eines Einhorns) in den Schoß der Jungfrau Maria. Rüdiger Robert Beer zeigt in seinem Buch „Einhorn – Fabelwelt und Wirklichkeit“ zahlreiche Darstellungen, in denen der Jäger mit Flügeln auftritt, was keinen Zweifel daran lässt, dass es sich um den Erzengel Gabriel handelt. Schließlich war er es ja auch, der Maria die Geburt eines göttlichen Sohnes ankündigte.

Rochester Bestiarium (um 1230)
Nur in den Armen einer reinen Jungfrau lässt sich das Einhorn fangen und töten.

„Queen's Inner Hall" im Stirling Castle
1. Wandteppich: Die Jäger betreten den Wald.

Rechte Seite oben:
„Queen's Inner Hall" im Stirling Castle
2. Wandteppich: Die Hunde spüren das Einhorn auf.

Rechte Seite unten:
„Queen's Inner Hall" im Stirling Castle
3. Wandteppich: Die Jäger greifen das Einhorn erfolglos an.

Wenn wir nun auf anderen Darstellungen gewöhnliche Jäger beim Töten des Einhorns beobachten, so symbolisiert dies den Leidensweg Christi. Es gibt einen berühmten Wandteppich-Zyklus, der heute im Museum „The Cloisters" in New York hängt: „Die Jagd auf das Einhorn". Wer den Flug über den Atlantik scheut, kann eine originalgetreue Kopie in Schottland bewundern, genauer gesagt im Stirling Castle. Der Zyklus besteht aus sieben Wandteppichen:

1. Die Jäger betreten mit ihren Hunden den Wald.
2. Die Meute spürt ein Einhorn auf, als es gerade mit seinem Horn das Wasser entgiftet.
3. Jäger und Hunde greifen das Einhorn an.
4. Das Einhorn verteidigt sich und spießt mit seinem Horn einen Hund auf.
5. Ein Jäger versteckt sich in einem Baum, während eine Jungfrau das Einhorn anlockt.
6. Das Einhorn wird getötet und zum Schloss gebracht.
7. Jetzt kommt die große Überraschung: Das Einhorn ist plötzlich wieder quicklebendig, allerdings in Gefangenschaft. Man sieht es inmitten einer Blumenwiese unter einem Baum, eingeschlossen von einem Holzzaun.

Übertragen auf die Passion Christi bedeutet dies: Auf dem 6. Wandteppich findet das Einhorn den Tod, genauso wie Jesus am Kreuz starb. Aber nach drei Tagen ist Jesus von den Toten wieder auferstanden und in den Himmel aufgefahren. Deshalb sehen wir auf dem 7. Wandteppich das auferstandene Einhorn, wobei die Blumenwiese an den Garten Eden erinnert. Trotz der grausamen Jagd und der Tötung gibt es am Schluss ein Happy End.

Man kann es drehen und wenden wie man will. Dieser Zyklus sollte wohl nur das Gewissen der Jäger und ihrer betuchten Kunden beruhigen. Man schlachtete die edelsten aller Tiere aus reiner Profitgier ab und redete sich ein, dass sie letztlich ohnehin wieder auferstehen würden und alles nicht so schlimm sei. In Wirklichkeit führte die Jagd zur völligen Ausrottung der Einhörner auf dem europäischen Festland. Nur in Schottland fanden sie Zuflucht. Ehe wir jedoch näher auf diese wundersame Rettung eingehen, müssen wir noch ein weiteres finsteres Kapitel beleuchten: die Dämonisierung der Einhörner.

Das Einhorn im Bunde mit den Mächten der Finsternis

Zwei mächtige Interessensgruppen unterstützten die Jagd auf Einhörner: Kirche und Adel. Wie bereits erwähnt, kostete ein Horn das Zwanzigfache seines Gewichts in Gold. Diesen Preis konnten nur Adelige und Kirchenleute bezahlen. Das einfache Volk dagegen bekam nie echtes Einhorn-Pulver zu sehen, so dass sich Widerstand gegen die Jagd regte, ähnlich wie heute die traditionelle Fuchsjagd der britischen Royals die Tierschützer auf den Plan ruft. Doch Kirche und Adel ließen nichts unversucht, um die öffentliche Meinung zu manipulieren. Plötzlich wurden Einhörner mit Tod und Teufel in Verbindung gebracht, um die Jagd zu rechtfertigen. Den Anfang machte die Parabel „Der Mann im Abgrund", die Jacobus de Voragine, der spätere Erzbischof von Genua, in seinem beliebten Volksbuch „Legenda aurea" („Goldene Legende") 1267 veröffentlichte. Sein Ziel: Den guten Ruf der Einhörner dauerhaft zu ruinieren. Lesen wir nach, welches Unheil dem Mann im Abgrund widerfährt:

Jene, die an der leiblichen Lust dieser Welt hängen und ihre Seelen verhungern lassen, sind wie jener Mann, der eilig vor einem Einhorn floh, damit er nicht von ihm verschlungen werde, und der in einen tiefen Abgrund fiel. Aber während des Falls griff er mit seinen Händen nach einem Strauch und fand mit seinen Füßen Halt auf einer schlüpfrigen Kante. Doch wie er genauer hinschaute, erblickte er zwei Mäuse, eine weiße und eine schwarze, die ohne Unterlass an der Wurzel des Strauches nagten, an dem er sich festhielt, so dass er bald abreißen würde. Auf dem Grunde der Höhle aber sah er einen grässlichen Drachen, der Feuer spie, und sein offener Rachen war bereit, ihn zu verschlingen. Auf der schmalen Kante aber, auf der seine Füße standen, reckten vier Schlangen ihre Häupter. Doch da er die Augen wieder emporrichtete, sah er ein Tröpflein Honig von den Zweigen des Strauchs rinnen. Da vergaß er alle Gefahren, von denen er umgeben war, und gab sich ganz der Süßigkeit des Honigs hin.

„Queen's Inner Hall" im Stirling Castle
7. Wandteppich: Das Einhorn ist wieder lebendig, aber in Gefangenschaft.

Linke Seite oben:
„Queen's Inner Hall" im Stirling Castle
4. Wandteppich: Das Einhorn wehrt sich und spießt einen Hund auf.

Linke Seite unten:
„Queen's Inner Hall" im Stirling Castle
6. Wandteppich (rechts): Das Einhorn wird getötet und zum Schloss gebracht.

Gargoyle an der Kathedrale Notre-Dame (Paris)
Ein einhörniger Dämon blickt auf seine Opfer hinab.

„Allegorie der Welt", Kupferstich von Boetius à Bolswert (17. Jh.)
Das Einhorn stößt den Mann in den Abgrund.

Das Einhorn aber bedeutet den Tod, der dem Menschen allezeit nachfolgt, um ihn zu ergreifen. Der Abgrund bedeutet die Welt, die voller Übel ist. Der Strauch ist unser Leben, das ohne Unterlass verzehrt wird von den Stunden des Tages und der Nacht, so wie die weiße und schwarze Maus die Wurzel verzehren. Die Kante mit den vier Schlangen ist der Leib, der aus vier Elementen zusammengesetzt ist und sich auflöst, wenn diese in Unordnung kommen. Der grässliche Drache ist der Höllenschlund, der uns allesamt zu verschlingen droht. Der süße Honig des Zweigleins aber ist die trügerische Lust der Welt, damit der Mensch betrogen wird und die Gefahren vergisst.

Welch ein Imagewandel! In älteren Fassungen dieser Geschichte ist es ein Elefant, vor dem der Mann flüchtet, jetzt ein Einhorn. Vom Sinnbild des Todes war es nur ein kleiner Schritt zum Sinnbild des Teufels. Auf Gemälden und bei Skulpturen tauchten immer häufiger Dämonen mit nur einem einzigen Horn auf. Ein berühmtes Beispiel ist der einhörnige Teufel an der Vorderfront der Kathedrale Notre-Dame in Paris. Ähnlich wie das Einhorn auf den Mann im Abgrund hinabblickt, so blickt er auf die Menschen hinab, die sich tief unter ihm tummeln.

Ecclesgreig House bei St Cyrus
Man warf Einhörnern vor, wegen des kostbaren Karfunkelsteins unter ihrem Horn hochmütig zu sein.

Es gibt einen höchst eigenwilligen Physiologus, der sich radikal von anderen Fassungen unterscheidet: den Physiologus der Waldenser (eine Sekte in Südfrankreich und Norditalien). Die Urform stammt wahrscheinlich aus dem 10. oder 11. Jahrhundert. Dort lesen wir mit großem Erstaunen:

„Das Einhorn beherrscht den Menschen. Es jagt ihn, und wenn es ihn packt, durchstößt es ihn mit seinem Horn und frisst ihn auf [recht ungewöhnlich für einen Pflanzenfresser]. Der heilige Basilius [der in Wirklichkeit nichts mit diesem Text zu tun hat] sagt dazu: ‚Siehe nun, o Mensch, dass du dich vor dem Einhorn in Acht nimmst, das heißt vor dem Teufel. Denn er beherrscht die Menschen und ist sehr geschickt, ihnen Böses anzutun. Tag und Nacht rennt er, durchstößt den Menschen mit falschen Argumenten und trennt ihn von den Geboten Gottes.'" (aus: Hagenmaier, S. 38)

Diese Negativ-Propaganda trug Früchte. Auch in der Meinung des einfachen Volkes verloren Einhörner ihr einstmals strahlendes Image. Außerdem warf man ihnen vor, sie seien hochmütig und stolz wegen des kostbaren Karfunkelsteins unter ihrem Horn. Nur vor diesem Hintergrund kann man die Fabeln des 15. Jahrhunderts verstehen, von denen hier zwei Beispiele herausgegriffen seien:

„Standing Stones" bei Kilmartin
Das Einhorn taucht in vielen Legenden des Mittelalters auf.

Von dem Raben und dem Einhorn

Ein Rabe saß auf einem Felsen. Das Einhorn sah ihn da sitzen und sprach: „Jetzt soll ein Beweis meiner Stärke dich staunend machen; denn ich will dir zeigen, wie ich Berge umstoße." Kaum gesagt, lief es mit aller Gewalt gegen den Felsen. Aber statt dass er wankte, zerschellte das Horn und das stolze Tier fiel voll Schmerzen nieder. „Armes Einhorn!", rief der Rabe. „Den Beweis deiner Stärke bleibst du mir schuldig. Aber den Beweis deiner Dummheit und die Wahrheit des Satzes, dass Hochmut alle Dinge zerstöre, gabst du mir ungebeten." (aus: Fabeln nach Daniel Holzmann, Meistersänger zu Augsburg, S. 22)

Von dem Leoparden und dem Einhorn

Ein Leopard kämpfte mit einem Drachen, konnte ihn aber nicht besiegen. Deswegen wandte er sich an das Einhorn und bat es demütig: „Du bist hervorragend und tapfer und kampferfahren; ich bitte dich, mich gegen die Wut des Drachen zu verteidigen." Das Einhorn aber begann sich zu überheben, und da es solches von sich hörte, erwiderte es: „Wahr gesprochen, dass ich kampferfahren bin; deswegen werde ich dich bestens verteidigen, fürchte nichts, und sobald der Drache sein Maul öffnet, werde ich ihm mein Horn in den Schlund stoßen." Als die beiden zum Drachen kamen, begann der Leopard den Kampf in der Hoffnung auf die Hilfe des Einhorns.

Der Drache aber kämpfte gegen sie, und aus seinem Maul kam Feuer und Gestank. Als er sein Maul öffnete, eilte das Einhorn schnellstens herbei, um seinen Schlund zu durchbohren. Doch der Drache wandte den Kopf zur Seite, und das Einhorn stieß sein Horn so fest in den Boden, dass es stecken blieb. Sterbend rief es aus: „Wer für einen anderen kämpfen will, richtet sich selbst zugrunde." So ist es töricht, sich zu überschätzen, und es lohnt nicht, sich selbst in Todesgefahr zu bringen. (aus: Johann G. T. Grässe: „Die beiden ältesten lateinischen Fabelbücher des Mittelalters", S. 235)

Der Leser mag nun den Eindruck gewinnen, man habe die Einhörner in Grund und Boden verdammt. Das stimmt allerdings nicht ganz, denn in diesem Fall hätte niemand mehr Einhorn-Pulver (oder soll man sagen: Teufelspulver?) gekauft. Kirche, Adel, Händler und – wie wir gleich sehen werden – Apotheken hatten ein handfestes wirtschaftliches Interesse am Verkauf von Einhorn-Pulver. Die guten Seiten der Einhörner und ihre Heilkräfte durften somit nicht unter den Tisch fallen. So kam es im Mittelalter zu einer eigenartigen Doppelmoral: Einhörner wurden auf der einen Seite himmelhoch gelobt und gleichzeitig abgrundtief verdammt. Im sogenannten „Pseudo-Basilius" bezeichnet der unbekannte Autor die Einhörner zuerst als Teufel und ein paar Seiten weiter als Sinnbild für den Erlöser. Heute mag uns dies unverständlich erscheinen, doch im Mittelalter störte sich niemand an solchen Ungereimtheiten. Schließlich gab es ja auch Himmel- und Höllenengel, warum sollte es da nicht auch gute und böse Einhörner geben?

Boddam Castle
Einhörner wurden himmelhoch gelobt und abgrundtief verdammt, wie Gut und Böse oder Licht und Schatten.

Fest steht, dass der Propagandafeldzug gegen die Einhörner Früchte trug: Es existieren keinerlei Berichte über einen öffentlichen Widerstand gegen die Jagd, während die Leute weiterhin fleißig Einhorn-Pulver kauften. Im 13. Jahrhundert entstand dadurch ein völlig neuer und mächtiger Wirtschaftszweig: die Apotheken. Ihre Geburtsstunde schlug im Jahr 1241, als Kaiser Friedrich II. das erste Apothekengesetz Europas erließ und die Berufe Arzt und Apotheker klar trennte. Dank dem Einhorn-Pulver erlebten die Apotheken bald einen kometenhaften Aufschwung, während die Zahl der Einhörner dramatisch schwand. Wie durch ein Wunder schafften es jedoch die letzten ihrer Art, in eine neue und sichere Heimat zu flüchten.

3. Teil

Alle Wege führen

nach Schottland

Dunnottar Castle bei Stonehaven

Dunbeath Castle
Einhörner gelten als hervorragende Schwimmer und lassen sich gerne von den Wellen tragen.

Wie die Einhörner nach Schottland kamen

Bis heute bleibt es ein Rätsel, wann und wie die Einhörner nach Schottland kamen und warum ausgerechnet dort – im Gegensatz zum übrigen Europa – die Jagd auf sie verboten wurde. Die einzige plausible Erklärung lautet, dass sie durch den Ärmelkanal schwammen. Einhörner sind hervorragende Schwimmer, wie wir aus den Sintflut-Erzählungen wissen, so dass der Ärmelkanal mit seiner Mindestbreite von 34 Kilometern sicher kein ernstzunehmendes Hindernis darstellte. Wahrscheinlich kamen sie aber vom Regen in die Traufe und wurden in England genauso gejagt wie auf dem Festland. So zogen sie immer weiter nach Norden, bis sie in Schottland ein Refugium fanden. Beweise liegen für diese Hypothese keine vor, aber sie erklärt den einzigartigen Einhorn-Kult in Schottland, den wir nirgendwo sonst auf der Welt finden.

Halten wir uns nun aber an die Fakten. Im Zusammenhang mit Schottland findet man die allererste Erwähnung eines Einhorns im Gedicht „The Siege of Caerlaverock" („Die Belagerung von Caerlaverock") aus dem Jahr 1300. Darin beschrieb der unbekannte Autor über hundert Wappen. Beim englischen Baron Robert de Clifford fügte er hinzu: „Mütterlicherseits stammten seine Vorfahren vom berühmten Earl Marshal ab, der in Konstantinopel gegen ein Einhorn gekämpft und es niedergestreckt hatte." Robert zog auf Seiten der Engländer gegen die Schotten ins Feld und bekam zum Dank für seine militärischen Erfolge einige Besitzungen in Schottland. Aus Sicht der Schotten gehörte Robert de Clifford zu den verhassten englischen Invasoren, und dass sein Vorfahre ein Einhorn erschlagen hatte, machte ihn nur noch unsympathischer. Vielleicht keimte damals in den Schotten zum ersten Mal der Gedanke auf, Einhörner unter Schutz zu stellen, nur um den Engländern eins auszuwischen.

Das älteste schottische Einhorn-Wappen kann man heute im Rothesay Castle auf der Insel Bute bewundern. In Stein gemeißelt empfängt es die Besucher über dem Eingangstor. Es stammt aus den Jahren 1380 bis 1400, so dass der Zahn der Zeit ordentlich an ihm genagt hat. Die beiden Einhörner, die ein Wappen halten, sind aber gut erkennbar. Nachdem sowohl König Robert II. (1316 bis 1390) wie auch sein Sohn Robert III. (1337 bis 1406) gerne im Rothesay Castle verweilten, dürfte einer der beiden das Einhorn zum Wappenträger ernannt haben.

Linlithgow Palace in Linlithgow
In Schottland machten sich die Einhörner als Wappenträger unentbehrlich.

1426 führte König Jakob I. das Amt des „Unicorn Pursuivant of Arms" ein, das ist ein wappenkundiger Hofbeamter, zuständig für die Heraldik. Was uns stutzig macht, ist das „Unicorn" in seinem Titel. Dieses Amt gibt es auch in England und Irland, wo es allerdings schlicht „Pursuivant of Arms" oder „Officer of Arms" (zu Deutsch: Wappenherold) heißt. Die Aufgabe dieser Beamten bestand darin, alle im jeweiligen Land benutzten Wappen zu kontrollieren. Wie schaffte es das raffinierte Einhorn, sich in den Titel hineinzuschmuggeln? Wir kennen seine List nicht, aber wir dürfen daraus schließen, dass Einhörner zu diesem Zeitpunkt schon eine wichtige Rolle spielten. Das Amt des „Unicorn Pursuivant of Arms" gibt es übrigens noch heute.

Links:
Rothesay Castle auf der Insel Bute
Der erste handfeste Beweis für das Einhorn-Vorkommen in Schottland: Zwei Einhörner halten das Wappen über dem Eingangstor von Rothesay Castle.

Oben:
Stundenbuch von Jakob IV. (1503)
Der schottische König Jakob IV. huldigte den Einhörnern.

Rechts:
Unicorn-Goldmünze von 1486
Die erste und einzige Goldmünze der Welt mit einem Einhorn-Motiv. Sie wird heute noch geprägt.

1486 begann schließlich der kometenhafte Aufstieg der Einhörner. In diesem Jahr ließ Jakob III. eine Goldmünze prägen, auf deren Vorderseite ein stolzes Einhorn glänzte. Zwischen seinen Vorderbeinen hielt es das königliche Wappen. Wegen dieser Darstellung nannte man die Münze „Einhorn". Solche Goldmünzen werden bis zum heutigen Tage geprägt. Während man auf englischen Goldmünzen das immer gleiche Portrait der Queen findet, imponiert der „Unicorn of Scotland 2018" mit einem strahlenden Einhorn, besitzt einen Durchmesser von 32,69 Millimetern und kostet knapp 1300 Euro.

Jakob III. besaß außerdem ein in Gold gefasstes Horn eines Einhorns und Vorhänge mit aufgestickten Einhörnern. Wen wundert es da, dass sich sein Sohn Jakob IV. zu einem leidenschaftlichen Einhorn-Verehrer entwickelte. In seinem Stundenbuch von 1503 zeigt eine Illustration, wie er vor einem Altar kniet und betet. Auf dem Altartuch sehen wir zwei Einhörner, die das schottische Wappen tragen. Die Aufschrift „In My Defens (God Me Defend)" bedeutet „Bei meiner Verteidigung (verteidige mich Gott)". Zu diesem Zeitpunkt hatten sich die Einhörner bereits als Wappenträger unentbehrlich gemacht. Doch ihr großer Karrieresprung stand noch bevor.

1603 bestieg der schottische König Jakob VI. den Thron von England, nachdem Elisabeth I. kinderlos gestorben war. Fortan nannte er sich James I. und da er nun König von England und Schottland in einer Person war, vereinigte er die beiden Länder in Personalunion. Einziges Problem: Er brauchte jetzt ein neu-

Wappen in der St Michael's Church in Linlithgow
In der schottischen Version des Wappens steht das Einhorn links.

Ganz links:
Relief am Holyrood Palace in Edinburgh

Offizielles Wappen des Vereinigten Königreichs
Dies ist die aktuelle Version der britischen Regierung.

es Wappen, mit dem sich beide Länder identifizieren konnten. James löste das Problem, indem er das schottische Wappen mit den beiden Einhörnern als Muster hernahm, aber das linke Einhorn durch einen Löwen ersetzte, das Wappentier Englands. Seither tragen Löwe und Einhorn gemeinsam das königliche Banner und sind auf dem britischen Wappen bis heute allgegenwärtig.

Der Vollständigkeit halber sei noch erwähnt, dass James I. die Bibel 1611 erstmals ins Englische übersetzen ließ. Es dürfte kaum jemanden überraschen, dass man in dieser „King-James-Bibel" gleich neun Einhörner findet (wie in der Septuaginta).

„King's Inner Chamber" im Stirling Castle

Stirling Castle
Die Hochburg der Einhorn-Verehrung – bis zum heutigen Tage.

Der Aufstieg zum schottischen Nationaltier

Wir kennen jetzt zwar die Erfolgsstory des Einhorns als Wappentier, aber wir wissen immer noch nicht, warum die Schotten so verrückt auf Einhörner sind. Die traditionelle Erklärung lautet: Das Einhorn besitzt eine ganze Reihe von Eigenschaften, die hervorragend zum Charakter der Schotten passen. Es ist stark, wild und freiheitsliebend, gleichzeitig aber auch ein Symbol für Christus, für Reinheit und Keuschheit. Kein Wunder, dass die Schotten es zu ihrem Nationaltier erkoren und es schützten, während man im übrigen Europa zur Jagd blies. Diese Erklärung greift allerdings zu kurz. Es gibt einen tieferen Grund, den wir im übernächsten Kapitel unter die Lupe nehmen. Bleiben wir aber vorerst noch beim Einhorn-Kult, der bis in unsere Tage blüht und gedeiht. In Schottland gibt es sogar einen eigenen Feiertag, den „National Unicorn Day", bei dem jedes Jahr am 9. April fröhliche Feste über die Bühne gehen. Heute sind es in erster Linie Kinder, die an diesem Tag in den Genuss süßer Muffins und köstlicher Kuchen kommen.

Die Hochburg der Einhorn-Verehrung ist Stirling Castle. Dort hingen zu Zeiten von König Jakob V. (1512 bis 1542) über 100 Wandteppiche, wie wir aus einer Inventarliste von 1540 wissen. Ein Zyklus hieß „Die

Geschichte des Einhorns". Heute sind alle Wandteppiche verschwunden und niemand weiß, wann und von wem sie gekauft oder gestohlen wurden. Da beschloss die schottische Regierung im Jahr 2001, Kopien der Einhorn-Teppiche weben zu lassen. Einziges Problem: Es gibt keine Zeichnungen, wie die „Geschichte des Einhorns" ausgesehen hat. Deshalb entschloss man sich, Kopien der „Jagd auf das Einhorn" anzufertigen. Die Originale hängen – wie bereits erwähnt – im Museum „The Cloisters" in New York. 18 Weberinnen arbeiteten 13 Jahre lang an den Kopien. Kostenpunkt: zwei Millionen Pfund (etwa 2,26 Millionen Euro). Kein Zweifel: Die Schotten lassen sich ihre Einhorn-Liebe einiges kosten. 2015 wurde der Saal mit den sieben Wandteppichen, die weiter oben im Kapitel „Die Jagd beginnt" zu sehen sind, feierlich eingeweiht.

Eine besondere Sehenswürdigkeit erwartet den Schottland-Reisenden im Hafen von Dundee: ein schwimmendes Einhorn! Nein, damit ist kein Narwal gemeint, sondern die „HMS Unicorn", eine Fregatte, die 1824 vom Stapel lief. Doch sie war damals schon veraltet, weil in jenen Tagen die ersten Dampf-Kriegsschiffe aufkamen. So blieb die „Unicorn" vom Kriegsdienst verschont und präsentiert sich heute als Museum. Die Galionsfigur ist ein prächtiges Einhorn, das dem Schiff den Namen gab. Es inspirierte den belgischen Comic-Zeichner Hergé dazu, eines der Tim-und-Struppi-Abenteuer „Das Geheimnis der ‚Einhorn'" zu nennen. 2011 verfilmte Steven Spielberg diese Geschichte, in der ein Schiffsmodell mit Namen „Einhorn" einige Rätsel aufgibt.

„HMS Unicorn" im Hafen von Dundee
Ein Einhorn auf hoher See! Die Galionsfigur brachte Glück: Die „HMS Unicorn" blieb vom Kriegsdienst verschont.

Das Auftauchen des Einhorns

In Schottland, der neuen Heimat der Einhörner, kursieren naturgemäß eine Unmenge von Legenden über diese edlen Tiere. Als Beispiel sei „Das Auftauchen des Einhorns" („The Coming of the Unicorn") von Duncan Williamson herausgegriffen:

Vor langer Zeit lebte ein König, der nichts mehr liebte als die Jagd. Aber er jagte nicht zum Vergnügen, sondern um die Bewohner der umliegenden Dörfer mit Fleisch zu versorgen, damit sie gut über den Winter kamen. So ritten der König und seine Männer drei- bis viermal im Jahr tief in die Wälder hinein und erlegten das Wild mit Pfeil und Bogen. Eines Tages aber kreuzte ein riesiger Braunbär ihren Weg, der sich mächtig vor ihnen aufrichtete. Blitzschnell spannte der König seinen Bogen und schoss einen Pfeil in seine Brust. Doch der Bär fiel nicht sofort um, sondern starrte den König mit traurigen Augen ein paar Minuten lang an, während das Blut über sein prächtiges Fell rann und er schließlich tot zusammenbrach.

Von Stund' an wurde der König seines Lebens nicht mehr froh. Er verlor jedes Interesse an der Jagd, schloss sich auf seiner mächtigen Burg in einer Kammer ein und wollte niemanden mehr sehen, nicht einmal seine liebliche Gemahlin. Diese Geistesabwesenheit dauerte ein, zwei, drei Monate und niemand wusste Rat. Der König verfiel immer tiefer in seine Traurigkeit.

Eines Tages wurde es der Königin zu dumm und sie ließ drei Zauberer kommen. „Der König lebt nur noch in seiner Welt voll Trübsinn", sprach sie. „Ihr müsst ihm seinen Lebensmut und seine Fröhlichkeit zurückbringen!" Die drei Zauberer zogen sich zurück und beratschlagten sich. Endlich kam ihnen eine Idee. „Wir müssen die Liebe des Königs für die Jagd wiedererwecken", schlug der Älteste vor, „indem wir ein Tier erschaffen, das niemand fangen kann. Dann bitten wir den König um Hilfe und er wird seine Burg verlassen müssen und hinaus in den Wald reiten, um dieses Tier zu jagen." Begeistert stimmten die beiden anderen zu. Sie holten ein Pferd, dem der Älteste mit seinen Zauberkräften die Gabe der Schnelligkeit verlieh, so dass es schneller als der Wind galoppieren konnte. Der Zweitälteste gab ihm die Wildheit eines Ebers, doch es unterlief ihm ein kleiner Schönheitsfehler: Die Hauer, die aus dem Gebiss herausragten, wollten nicht zum Pferd passen. So nahm er sie mit seiner Magie wieder weg und setzte dem Pferd stattdessen ein einzelnes, langes Horn auf die Stirn. Der Jüngste schließlich flößte dem Tier die Kraft eines Löwen ein.

Zufrieden betrachteten die drei Zauberer ihr Werk. „Nun müssen wir ihm einen Namen geben", sprach der Älteste. „Wie wäre es mit Einhorn?", schlug der Jüngste vor und bekam allgemeine Zustimmung. Daraufhin ließen sie das Einhorn frei.

Als die Jäger das nächste Mal ohne ihren König ausritten, um Wild für das hungernde Volk zu beschaffen, erlebten sie ihr blaues Wunder. Jedes Mal, wenn sie sich an ein Wild heranpirschten, tauchte wie aus dem Nichts das Einhorn auf, vertrieb das Wild und griff mit seinem Horn die Jäger an, die nun ihrerseits zu Gejagten wurden

Linke Seite:
Keiss Castle
Nach einer alten schottischen Legende lebte einst ein König auf dieser Burg, der dem Trübsinn verfiel.

Oben:
Fairy Pools bei Glenbrittle (Isle of Skye)
Badeplatz für Feen, Elfen und Einhörner. Badehaubenpflicht!

Oben rechts:
Dunino Den in Dunino
Drei Zauberer erschufen das Einhorn, um den König aus seiner Melancholie herauszureißen.

und um ihr Leben rennen mussten. Mit leeren Händen kehrten sie auf die Burg zurück und klagten dem König ihr Leid.

„Ein solches Tier gibt es nicht!", antwortete der König. Doch er war neugierig geworden und ritt nun selbst aus. Und da sah er es in voller Pracht und Herrlichkeit. Größer als jedes Pferd, das er kannte, und weißer als der Schnee. Sofort nahm er die Verfolgung auf, doch er konnte sich dem Einhorn niemals auf Schussweite nähern, so sehr er seinem Pferd auch die Sporen gab. Schließlich kehrte er um, aber nur, um am nächsten Tag wieder in den Wald zu reiten. Dasselbe Spiel wiederholte sich Tag für Tag. Jedes Mal tauchte das Einhorn auf, entwischte ihm jedoch mit Leichtigkeit. Der König war geheilt. Er hatte seine Liebe zur Jagd und seine Fröhlichkeit wiedergefunden. Aber es wurmte ihn, dass er das Einhorn nicht fangen konnte. Nach ein paar Wochen sah er die Sinnlosigkeit der Einhorn-Jagd ein, ließ seinen Bildhauer kommen und beauftragte ihn, zwei Einhorn-Statuen anzufertigen. Diese beiden Statuen stellte er links und rechts neben dem Eingangstor auf. Von diesem Tage an verschwand das Einhorn und ward nie mehr gesehen, so dass der König und seine Männer wieder ungestört das Wild für die Dorfbewohner jagen konnten. Jedes Mal, wenn der König aus seiner Burg trat, erfreute er sich an seinen beiden Einhorn-Statuen, die noch heute den Eingang bewachen.

Oben links:
„Mercat Cross" (Marktkreuz) auf dem Parliament Square (Edinburgh)
Der König ließ zwei Einhorn-Statuen meißeln und neben dem Eingang aufstellen.

Oben:
Feenbaum bei Elleric

Links:
Carnasserie Castle bei Kilmartin
Dank dem Einhorn wurde der König geheilt und ritt wieder in die Wälder hinaus.

Gesunde Geschäfte

Für diesen jahrhundertealten, zeitlosen Einhorn-Kult der Schotten gibt es einen tieferen Grund. Um das Geheimnis zu lüften, müssen wir zu den Anfängen des Horn-Handels zurückkehren. Schottland dürfte jenes Land sein, in dem zuerst die Stoßzähne des Narwals auftauchten. Man nimmt an, dass die ersten Stoßzähne nicht von gefangenen, sondern von gestrandeten Narwalen stammten, denn zur Zeit der Wikinger war es kaum möglich, einen sechs Meter langen Wal zu fangen und in ein Boot zu hieven. Außerdem war der Walfang extrem riskant. Die Narwale versuchten nämlich, mit ihren Stoßzähnen die Schiffe anzubohren, wie Seeleute munkelten. Zum Glück waren die „Meereseinhörner" zu langsam, um ihr tödliches Werk zu vollenden, sonst wären die Männer jämmerlich in den eisigen Fluten ertrunken. Narwale bevorzugen bekanntlich das Polarmeer am Rande des Packeises. Folglich wären Island und Grönland jene Inseln, wo man am ehesten gestrandete Wale vermuten würde. Einziger Haken: Diese beiden Länder waren im 10. und 11. Jahrhundert praktisch unbewohnt. Ein gestrandeter Wal wäre somit unentdeckt geblieben. Deshalb erscheint es durchaus plausibel, dass sich einzelne Wale in den Süden verirrten und an der Küste Schottlands strandeten, dem nördlichsten Punkt Europas, wenn wir Skandinavien außer Acht lassen.

„Whaligoe Steps" in Whaligoe
In dieser Bucht verendeten viele Wale.

Tatsächlich sind gestrandete Wale in Schottland keine Seltenheit. Südlich der Stadt Wick findet man die „Whaligoe Steps". In der kleinen Bucht strandeten früher immer wieder Wale – für die hungernden Dorfbewohner ein Glücksfall. Einziger Haken: Die Bucht ist von Steilküsten umgeben. Deshalb baute man in der Mitte des 18. Jahrhunderts eine Treppe mit 365 Stufen, um zu den Walen hinunterzusteigen. Daher der Name „Whaligoe" (zusammengesetzt aus Whale/Wal und goe, ein alter Ausdruck für Meeresbucht). Als ich die Treppe fand (sie liegt gut versteckt ohne Hinweisschild direkt neben der Schnellstraße A99), erzählte mir einer der Dorfbewohner, dass er erst gestern neun Orcas in Küstennähe vorbeischwimmen gesehen hatte.

Auf die Möglichkeit, dass die ersten Narwal-Stoßzähne von Schottland aus nach Europa gelangten, weist Josef H. Reichholf in seinem Buch „Einhorn Phönix Drache" hin (S. 191). Stellen wir uns diese Sensation vor! Der erste Beweis für die Existenz von Einhörnern, der schon bald an den Königshöfen Rekordpreise einbringen sollte. Welch ein Geldsegen für die Schotten

Linke Seite:
„Whaligoe Steps" in Whaligoe
365 Stufen führen in die Tiefe, um die gestrandeten Wale zu bergen.

Links:
Jacob van Maerlant: „Der Naturen Bloeme" (Londoner Handschrift, um 1310)
Narwale versuchten, die Schiffe anzubohren, wie Seeleute erzählten.

Einhorn-Statue am Falcon Square (Inverness)
Markt-Einhörner symbolisieren Reichtum und Macht eines Ortes.

(zumindest für jene, die einen gestrandeten Narwal fanden). Dass die Hörner in Wirklichkeit von einem Wal stammten, wurde ja wohlweislich verschwiegen.

Nun fügen sich die einzelnen Teile des Puzzles zusammen. Schottland profitierte wie kein anderes Land vom Glauben an die Einhörner. Zwar strandeten nur selten Narwale, aber das knappe Angebot trieb den Preis in schwindelerregende Höhen. Zuerst dürfte man ein Horn an das englische Königshaus verkauft haben. So gesehen ist es kein Zufall, dass das erste amtlich bestätigte Horn 1303 in der Inventarliste des englischen Königs Edward I. aufscheint. Später kaufte Elisabeth I. ein Horn für 10 000 Pfund (in heutiger Währung knapp 4,5 Millionen Euro) und ließ sich daraus ein Zepter machen. Ihr Nachfolger James I., den wir gerade als „Erfinder" des britischen Wappens kennengelernt haben, gab dieselbe Summe für ein weiteres Horn aus. Sogleich testete er seine Qualität, indem er einem Diener zuerst Gift und dann Einhorn-Pulver verabreichte. Als das Experiment tödlich endete, erklärte der König, dass er schändlich betrogen worden sei und es sich definitiv nicht um das Horn eines echten Einhorns handle. Diese Szene brachte ihm jede Menge Spott ein und den Titel „Der weiseste Narr der Christenheit".

Aber nun zurück zu Schottland. Dank der Rekordeinnahmen ist es auch kein Zufall, dass die erste Einhorn-Goldmünze der Welt dort geprägt wurde. Die Schotten kamen dank der Hörner in den Genuss eines warmen Geldregens, warum also nicht gleich „Einhorn-Geld" in Umlauf bringen? Einhorn = Geld! Dies erklärt auch, warum es die Schotten nie nötig hatten, sich auf die gefährliche Einhorn-Jagd zu begeben. Ist es nicht viel einfacher, einem toten Narwal den Stoßzahn abzusägen und als echtes Horn zu verkaufen?

Die Verbindung Narwal – Hornhandel – Rekordgewinne – Einhorn-Liebe mag auf den ersten Blick weit hergeholt erscheinen, aber es gibt einen indirekten Beweis dafür. In vielen Dörfern und Städten sitzt ein steinernes Einhorn mitten auf dem Marktplatz auf einer Säule und blickt zufrieden auf das bunte Treiben herab. Solche „Markt-Einhörner" findet man in Edinburgh, Inverness, Dunfermline, Jedburgh, Melrose, Culross, Falkland, Crail, Cupar und Linlithgow, um nur einige Beispiele zu nennen. In keinem anderen Land der Welt stehen Einhorn-Statuen auf Marktplätzen, und schon gar nicht in dieser Menge. Ganz offensichtlich galt das Einhorn in Schottland als Symbol für gute Geschäfte und als Beschützer der Kaufleute, ähnlich wie die alten Römer Merkur als Schutzgott der Händler verehrten.

Diese Hypothese besitzt allerdings noch einen kleinen Schönheitsfehler. Narwale strandeten ziemlich selten, so dass man nur ab und zu mit viel Glück in den Besitz eines Horns kam. Folglich profitierten wohl nur eine Handvoll glücklicher Finder. Nachdem das Einhorn-Fieber aber alle Schotten gepackt hatte, muss es eine „Einhorn-Pulver-Industrie" im großen Stil gegeben haben, die der breiten Bevölkerung Wohlstand brachte. Wie ist das möglich?

Ganz einfach: durch Lug und Trug, Schwindel und Fälschungen. In ganz Europa explodierte die Nachfrage nach dem viel gepriesenen Wundermittel. Und was machten Apotheker, Händler und Gauner? Sie verkauften Pulver, das in Wirklichkeit von Rinderhörnern, Tierknochen oder Tierzähnen stammte, als echtes Einhorn-Pulver! Diese kriminellen Praktiken florierten nicht nur in Schottland, sondern in ganz Europa. Dafür gibt es unzählige handfeste Beweise. Conrad Gesner, ein Schweizer Naturforscher, der 1558 ein vierbändiges „Allgemeines Tierbuch" herausbrachte, schrieb empört: „Zu Venedig gibt es etliche böse Vögel und Landfahrer, die einen zerstoßenen Kiesel oder Kalk oder anderen Stein mit Seife mischen und daraus einen Teig machen, den sie als Einhorn verkaufen."

„Mercat Cross" (Marktkreuz) in der High Street (Dunfermline)
In keinem anderen Land der Welt thronen so viele Einhörner über den Marktplätzen wie in Schottland.

Ein anderes berühmtes Beispiel ist die Einhornhöhle bei Scharzfeld im Harz, die 1541 erstmals urkundlich erwähnt wurde. Zunächst hieß sie Zwergenloch, doch dann fand man Knochen und Zähne, die von einem Einhorn stammen mussten und taufte die Höhle flugs

Apotheke im Schloss Kuks (Tschechien)
Apotheken machten mit dem Verkauf von Einhorn-Pulver „gesunde Geschäfte“.

um. Eine Sensation! Von überall her strömten die Besucher, um die Einhorn-Skelette zu bewundern. Selbst Johann Wolfgang von Goethe besichtigte die Höhle 1784. Dem Magdeburger Bürgermeister Otto von Guericke wird die Rekonstruktion des Einhorn-Skeletts zugeschrieben, dessen Nachbildung noch immer neben dem Eingang steht.

Heute wissen wir, dass es sich in Wirklichkeit um die Überreste von Bären handelte. Damals jedoch garantierte allein schon der Name „Einhornhöhle“, dass alle „Produkte“ aus dieser Höhle von echten Einhörnern stammten. Eine Chronik von 1583 erwähnt, dass man in der Höhle nach weiteren Knochen grub und diese als „echtes Einhorn“ verkaufte. So überrascht es nicht, dass man auch anderen Höhlen gerne den „Markennamen“ Einhornhöhle verpasste, beispielsweise der Einhornhöhle bei Dreistetten in Niederösterreich. Einhörner, die im Berginneren schlafen, wehren übrigens Gewitter ab, wie der Volksmund behauptet.

Der Handel mit gefälschtem Einhorn-Pulver entwickelte sich zu einem lukrativen Wirtschaftszweig und kann durchaus mit dem heutigen Drogenhandel verglichen werden. Allerorts schossen Apotheken wie Pilze aus dem Boden und machten mit dem Verkauf des Pulvers „gesunde Geschäfte“. Viele nannten sich gleich „Einhorn-Apotheke“, um ihre Kunden in Sicherheit zu wiegen. Gegenwärtig tragen in Deutschland etwa 115 Apotheken diesen Namen.

Linke Seite:
Smoo Cave bei Durness
Spitzfindige Geschäftemacher gaukelten ihren Kunden vor, die Knochen aus Einhornhöhlen stammten von echten Einhörnern.

Es wäre allerdings ungerecht, die ganze Schuld an diesem Riesenbetrug den Apothekern in die Schuhe zu schieben. Londoner Apotheken mussten beispielsweise laut Gesetz immer das Horn eines Einhorns als Medizin auf Lager haben oder sie verloren ihre Lizenz. Dieses Gesetz galt bis 1741.

Wie die Kunden übers Ohr gehaut wurden, kann man am aktuellen Schmuggel mit den Hörnern von Nashörnern erahnen. Die brisante Dokumentation „Rhino Dollars" (von Olivia Mokiejewski, 2017) geht der Frage nach, warum in China und Vietnam heute rund 110 000 Dollar für ein 1,5 Kilogramm schweres Horn gezahlt werden, obwohl wissenschaftliche Studien keinerlei medizinischen Nutzen feststellen können (abgesehen von der Bindung von Giften, aber deswegen kauft niemand das Pulver). Interviews mit den Käufern zeigen, wie sie Gerüchten auf den Leim gehen, die die Schmuggler geschickt in Umlauf bringen. Ein vietnamesischer Minister litt beispielsweise an Krebs und nachdem er das Nashorn-Pulver – aufgelöst in Wasser oder Alkohol – getrunken hatte, wurde er wie durch ein Wunder völlig geheilt. Ein anderer, der seit 40 Jahren jeden Tag eine kleine Menge Nashorn-Pulver einnimmt, wurde in dieser ganzen Zeit kein einziges Mal krank. Natürlich erfahren wir keine konkreten Namen, so dass man diese Wunder nicht überprüfen kann. Tatsächlich sind es frei erfundene Märchen. Nashorn-Pulver soll übrigens auch als Aphrodisiakum und Potenzmittel hervorragende Dienste leisten – erinnert uns das nicht an das Einhorn-Pulver? Im Mittelalter kursierten wohl dieselben Geschichten – von wundersamen Heilungen und magischen Abwehrkräften gegen Krankheiten. Als Urheber der Gerüchte kommen in erster Linie die Apotheker in Frage, die am meisten profitierten. Wahrscheinlich glaubten sie selbst an das Märchen von der Wunderwirkung.

Wenn bei den Patienten wider Erwarten keine Heilung eintrat, gab es ja zwei plausible Erklärungen, die wir bereits kennengelernt haben. Hildegard von Bingen schrieb: „... eine Salbe, die bei häufigem Gebrauch jede Art von Aussatz heilt, es sei denn, dass der Kranke dem Tod übereignet ist und Gott ihn nicht heilen will." Pech gehabt, wenn Gott den Kranken nicht heilen will, nützt das beste Einhorn-Pulver nichts. Die zweite Erklärung stammt von König James I.: Als er seinem Diener Gift und Pulver gab und der Unglückliche jämmerlich krepierte, merkte der König, dass es kein echtes Horn gewesen war. Kurzum: Allen Fehlschlägen zum Trotz blieb der Glaube, echtes Einhorn-Pulver könne alle Krankheiten heilen, wenn es Gott will, bis ins 17. Jahrhundert ungebrochen. So ging die Jagd auf Einhörner erbarmungslos weiter, bis endlich der Retter in der Not nahte. Sein Name: Wissenschaft, der Todfeind allen Aberglaubens.

Rechte Seite:
Warkworth Castle (Northumberland)
Irgendwann ging der Wissenschaft ein Licht auf, dass der Kult um das Einhorn-Pulver reine Scharlatanerie war.

Der Siegeszug der Illusionenzerstörer

Im Jahr 1566 zerstörte der venezianische Arzt Andrea Marini erstmals die Illusion von den wundersamen Heilkräften des Hornpulvers. Die Existenz von Einhörnern stellte er allerdings nicht in Frage. Dieselbe Argumentation finden wir beim französischen Arzt Ambroise Paré. In seinem Buch „Mumie, Einhorn, Gifte und Pest“ (1582) schrieb er: „Einhörner muss es geben, weil es so in der Bibel steht. Aber das Horn besitzt keine Wunderkräfte und es hilft ganz gewiss nicht gegen die Pest.“ Es erübrigt sich zu sagen, dass beide Ärzte sofort einen „Shitstorm“ bekamen, wie man heute sagen würde. Andrea Marini wurde vom Leibarzt des Papstes attackiert, Ambroise Paré musste um sein Leben fürchten, denn man unterstellte ihm fälschlicherweise, ein Hugenotte (Protestant) zu sein, die in jenen Tagen leicht dem Volkszorn zum Opfer fielen. Deshalb sollte der Siegeszug der Wissenschaft noch ein paar Jahrhunderte auf sich warten lassen.

Im 17. Jahrhundert fing man Narwale im großen Stil. Marktführer des Hornhandels waren die Dänen, die ganze Schiffsladungen voller Stoßzähne nach Europa brachten. Im Jahr 1636 wollten dänische Händler dem russischen Zaren zwei solche Stoßzähne andrehen. Sein Leibarzt äußerte jedoch den Verdacht, dass sie nicht von echten Einhörnern stammten (die zu diesem Zeitpunkt in Europa – mit Ausnahme von Schottland – wohl schon ausgerottet waren). Daraufhin forderten die Händler vom dänischen Professor Ole Worm ein Gutachten. Wahrscheinlich hatten sie gehofft, der Professor würde im Interesse Dänemarks ein Gefälligkeitsgutachten erstellen. Doch der Schuss ging ordentlich nach hinten los. Ole Worm erklärte nach gründlicher wissenschaftlicher Untersuchung, dass es sich nicht um Hörner von echten Einhörnern, sondern um Narwal-Stoßzähne handelte.

Craigievar Castle
In alten wie in neuen Tagen wird der Glaube an eine Wunderheilung schamlos ausgenützt.

Wer nun glaubt, die Wissenschaft hätte endgültig triumphiert, der kennt die menschliche Natur nicht. Die Leute wollten einfach an ein Allheilmittel glauben und ließen sich ihre liebgewonnenen Illusionen nicht so einfach nehmen. Deshalb verkauften die Apotheker weiterhin Narwal-Pulver, nur nannten sie es jetzt „Unicornu falsum", ein wohlklingender lateinischer Name, hinter dem sich „falsches Einhorn" verbirgt. Auch dafür zahlten die Patienten stattliche Preise, wenngleich im 17. Jahrhundert ein dramatischer Preisverfall einsetzte. Musste man 1612 für 16 Gramm Pulver noch 64 Gulden berappen, waren es 1669 nur noch vier Gulden! Wahrscheinlich genoss das Pulver „Made in Scotland" einen vergleichsweise guten Ruf, stammte es doch aus jenem Land, aus dem einst das „Unicornu verum" (echtes Einhorn) gekommen war.

Erst um das Jahr 1800 kam der Pulverhandel allmählich zum Erliegen, als die Medizin endlich Fortschritte machte und wirksame Heilmethoden anwendete. Zu dieser Zeit waren nicht nur die Einhörner, sondern auch die Narwale fast vollständig ausgerottet. Beide gehören heute zu den bedrohten Arten.

Die Heilkraft des Horns gehörte nun ins Reich der Fantasie, aber wie stand es mit dem Einhorn selbst? Auch hier mehrten sich die Zweifel, doch es traten immer wieder Verteidiger des Einhorn-Glaubens auf. „Gott selbst muss getadelt werden, falls es keine Einhörner gibt!", schrieb Edward Topsell. Im 19. Jahrhun-

dert gab es in Europa keine Einhorn-Sichtungen mehr, dafür tauchten vereinzelte Berichte aus Südafrika und dem Vorderen Orient auf, die John Wilhelm von Müller in seinem Buch „Das Einhorn vom geschichtlichen und naturwissenschaftlichen Standpunkte betrachtet" gesammelt hat. Als er dieses Werk 1852 veröffentlichte, lautete seine Schlussfolgerung: „Obschon die Existenz dieses Tieres [des Einhorns] schon so oft in Zweifel gezogen wurde, und man dasselbe in die gleiche Kategorie mit einem Vogel Rock, Phönix und andern fabelhaften Geschöpfen setzte, glaube ich doch, nachdem ich fast alle Denkmäler und Schriften, die davon handeln, durchforscht und geprüft, und die Berichte von Augenzeugen angehört sowie eigene Beobachtungen angestellt habe, zur Genüge dartun zu können, dass es wirklich ein Einhorn, das ist ein Tier mit einem unpaaren Horne, gibt." (S. 1).

Heute sind die Einhörner in Südafrika und im Vorderen Orient wie vom Erdboden verschluckt. Dazu trugen nicht nur die Jäger bei, sondern auch natürliche Widrigkeiten. Bei einem Gewitter wirkte das Horn wie ein Blitzableiter, so dass Einhörner überdurchschnittlich oft vom Blitz getroffen wurden. Damit lässt sich auch erklären, warum man bis heute nie das vollständige Skelett eines Einhorns gefunden hat. Entweder sägte man ihnen das Horn ab, so dass nur ein Pferdeskelett übrig blieb, oder sie zerfielen zu einem Häufchen Asche.

In der 2. Hälfte des 19. Jahrhunderts änderte sich die öffentliche Meinung und das Einhorn verschwand allmählich aus der realen Welt, aber nur, um in der Welt der Märchen und Mythen strahlender und schöner als je zuvor wieder aufzutauchen. Wie schrieb der deutsch-iranische Schriftsteller Said so treffend in seinem Buch „Dieses Tier, das es nicht gibt. Ein Bestiarium"? „Das Einhorn sitzt nachts in öffentlichen Bibliotheken und blättert in dicken Büchern auf der Suche nach dem Beweis seiner eigenen Existenz."

Rettung in der Märchenwelt

Nicht nur in Schottland, auch in der Märchenwelt suchten die Einhörner Zuflucht. Die ersten, die ihnen Asyl gewährten, waren die Brüder Grimm. 1812 veröffentlichten sie den ersten Band ihrer „Kinder- und Hausmärchen" mit der allseits beliebten Geschichte vom „Tapferen Schneiderlein". Der König versprach einem Schneider die Hand seiner Tochter und das halbe Königreich dazu, wenn er drei Aufgaben erfülle. Eine davon war, ein wildes Einhorn zu fangen, das großen Schaden anrichtete. Als es den Schneider sah, rannte es ohne Vorwarnung auf ihn zu, um ihn aufzuspießen. Dieser blieb stehen, bis das Tier ganz nahe war, dann sprang er in letzter Sekunde hinter einen Baum. Das Einhorn rannte mit aller Kraft gegen den Baum und spießte sein Horn so fest in den Stamm, dass es nicht genug Kraft hatte, es wieder herauszuziehen und so ward es gefangen.

Der bekannteste Einhorn-Roman des 20. Jahrhunderts ist „Das letzte Einhorn" von Peter S. Beagle, veröffentlicht 1968 und verfilmt 1982. Als wichtigster Einhorn-Roman des 21. Jahrhunderts gilt „Elvira und

Seite 120/121:
Fairy Bridge bei Elleric
Ein Einhorn wollte das tapfere Schneiderlein aufspießen, blieb aber stattdessen in einem Baum stecken.

St Conan's Kirk in Lochawe
Einhörner strahlen eine magische Anziehungskraft aus.

Merion – Eine unheimliche Reise durch eine geheimnisvolle Zauberwelt" von Liane Angelico und Gerald Axelrod, der hier kurz zusammengefasst sei:

Elvira, ein junges Mädchen, wird eines Tages von einer Hexe in ein Kätzchen verwandelt und in eine mystische Zauberwelt verbannt. Dort trifft sie auf Merion, ein Einhorn, das ein ähnliches Schicksal teilt. Auch Merion war früher ein Mensch, ehe er sich in der Gestalt eines Einhorns wiederfand.

Beide kennen nur ein Ziel: Sie wollen in Menschen zurückverwandelt werden. Der Zauberer Dugudus erklärt ihnen jedoch, dass nur die Engel die Macht besitzen, den Fluch zu brechen. So begeben sich Elvira und Merion auf den Weg zur Kathedrale der Engel. Aber zu ihrer maßlosen Enttäuschung müssen sie feststellen, dass das Tor verschlossen ist. Einem schwarzen Engel ist es gelungen, den Torwächter zu überlisten und den Schlüssel zur Eingangspforte zu stehlen.

Elvira und Merion machen sich auf die Suche nach dem Schlüssel und finden heraus, dass ihn die Hexe Roxanne aufbewahrt, die Geliebte des schwarzen Engels. Doch der erste Versuch, ins Reich von Roxanne einzudringen und ihr den Schlüssel abzuluchsen, scheitert kläglich. Nur durch die Hilfe eines Drachen gelingt es den beiden, der mächtigen Hexe zu entkommen.

Für Elvira und Merion beginnt nun eine Odyssee durch die Zauberwelt, denn um es mit Roxanne aufnehmen zu können, brauchen sie neue Verbündete. So verschlägt es die beiden ins Land der vergessenen Elfen, auf die Burg der „Fee ohne Namen", auf ein Geisterschiff, in die Unterwelt, zu den Giftschwestern, ins Tal der Verdammnis und in die Eiswelt, wo überall unbekannte Gefahren lauern. Doch es gelingt Elvira und Merion auch, neue Freunde zu finden: Axos, ein tolpatschiger Drache, Beribus, ein gutmütiger Höllenhund, und Dschinogl, ein raffgieriger Zwerg, schließen sich ihnen an.

Je weiter das Einhorn und das Kätzchen in die Zauberwelt vordringen, desto klarer erkennen sie, dass eine geheimnisvolle Verschwörung im Gange ist, die in einem direkten Zusammenhang mit ihrer Verwandlung steht. So versuchen die beiden, die Hintergründe der dunklen Machenschaften aufzudecken, um herauszufinden, warum sie verhext worden sind.

Nach zahlreichen gefahrvollen Abenteuern wagen Elvira und Merion schließlich einen zweiten Versuch, Roxanne zu überwältigen. Der Plan scheint zu gelingen, als plötzlich der schwarze Engel persönlich auftaucht …

Coverfoto das Fantasyromans „Elvira und Merion"
Der zauberhafteste Einhornroman des 21. Jahrhunderts.

Glück, Liebe und Magie

Die spektakuläre Entdeckung der letzten lebenden Einhörner löste einen weltweiten Hype aus, der ungebrochen anhält. Seit dem Mittelalter zogen Einhörner die Menschen nie mehr so stark in ihren Bann wie jetzt. Im Buch „Das magische Lexikon der Einhörner" zeigt Bettina Hennig auf amüsante Weise, welche Auswüchse der Trend heute annimmt. So erfahren wir, dass Lady Gaga ein Einhorn-Tattoo trägt, auf Facebook am 1. November der Internationale Tag des Einhorns gefeiert wird und im Wildpark „Centro di Scienze Naturali" in Prato (Italien) ein Rehbock umherstolziert mit nur einem einzigen Horn auf der Stirn – vermutlich wegen eines Gendefekts.

Wir kennen jetzt die ganze Geschichte der Einhörner, haben aber immer noch keine Antwort auf die allesentscheidende Frage gefunden: Besitzen Einhörner nun magische Kräfte oder nicht? Das enttäuschende Ergebnis: Man weiß es nicht. Es gilt als die größte Schande der Wissenschaft, dass es Zoologen immer noch nicht gelungen ist, ein Einhorn zu fangen. Trotz modernster Technik entwischen die Tiere, so dass kein einziges genauer untersucht werden konnte. Als Laie fragt man sich, warum die Zoologen nicht den altbewährten Trick mit der Jungfrau anwenden, doch die Sache ist nicht so einfach. Hildegard von Bingen betont ja ausdrücklich: „Sie [die Mädchen] dürfen weder zu jung noch zu alt sein, vielmehr müssen sie am Beginn des Erwachsenenalters sein." Das dürfte wohl einem Alter von 17 oder 18 Jahren entsprechen. Doch in diesem Alter findet man heutzutage keine Jungfrauen mehr und deswegen kann man die Einhörner nicht anlocken.

Ihre Schnelligkeit und der Glanz ihres Horns sprechen aber dafür, dass sie tatsächlich außergewöhnliche (und übernatürliche?) Fähigkeiten besitzen. Ihre magische Anziehungskraft haben sie jedenfalls nicht verloren. Wenn man sich die unzähligen Comics und Karikaturen mit den meist mopsigen, kurzbeinigen Einhörnern anschaut (der Ziegenbock lässt grüßen!), dann versprühen sie Glück, Freude und Harmonie – genau wie in den alten chinesischen Überlieferungen. Sprüche wie „Sei immer du selbst, außer du kannst ein Einhorn sein, dann sei ein Einhorn" ermutigen junge Fans zudem, sich nicht an gesellschaftliche Konventionen anzupassen, sondern ihren eigenen Weg zu gehen. So gesehen beruht die Faszination der Einhörner noch heute auf ihrer ursprünglichen Wildheit und ungebändigten Freiheit.

Auf den Gemälden der „Fantasy Art" springt noch ein weiterer Aspekt ins Auge. Anne Stokes und andere Künstler zeigen gerne ein Mädchen in inniger Umarmung mit einem Einhorn. Seit Parzivals Zeiten ist das Einhorn ein Symbol für die reine, ewig währende Liebe geblieben. Glück, Freiheit und Liebe, gewürzt mit einer Prise Magie, sind die Zutaten, mit denen Einhörner unsere Herzen erobern.

Rechte Seite:
Lowther Castle (Cumbria)
Lass die Seele fliegen, frei auf den Schwingen deiner Fantasie.

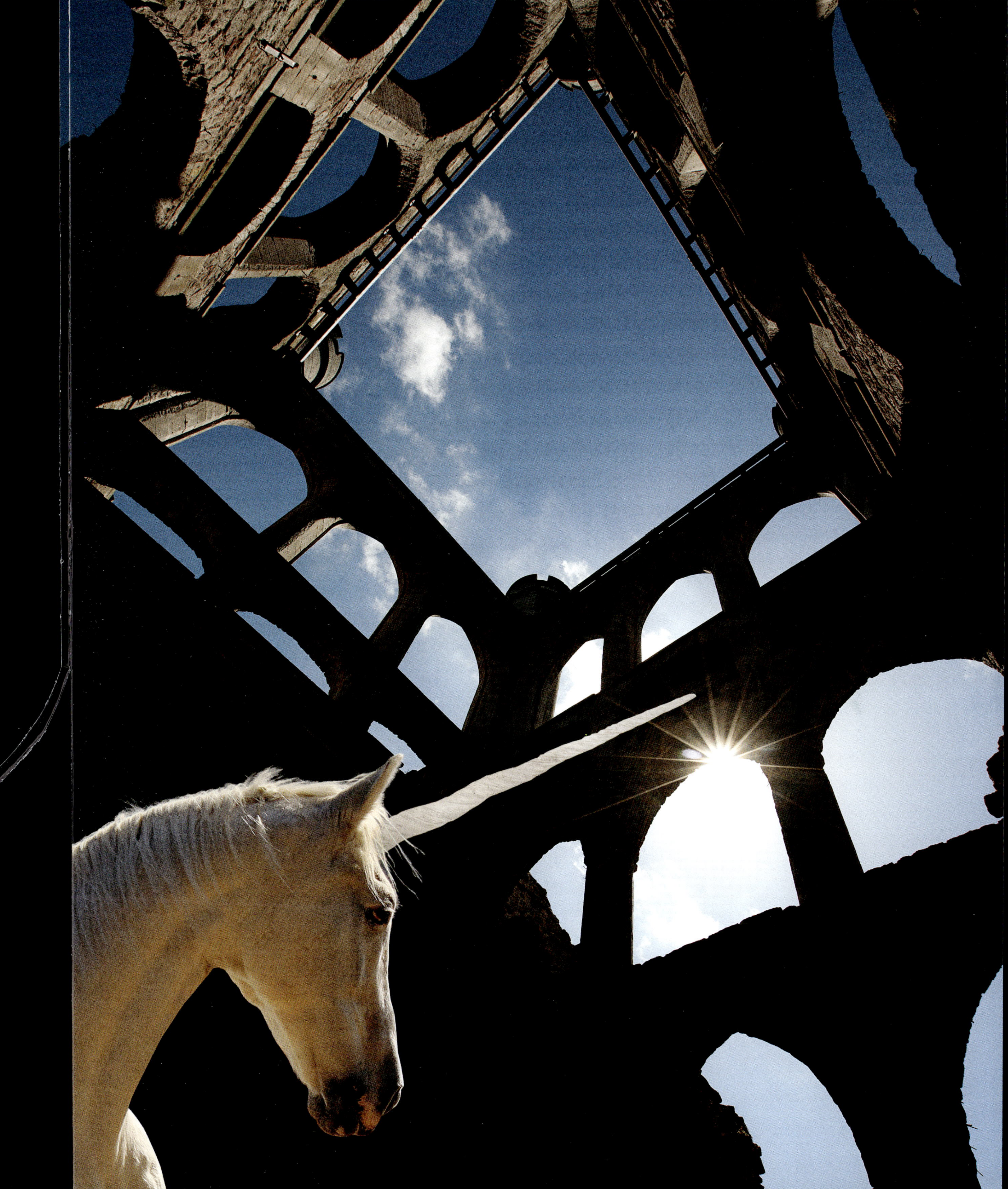

Literaturverzeichnis

Liane Angelico und Gerald Axelrod:
„Elvira und Merion – Eine unheimliche Reise durch eine geheimnisvolle Zauberwelt" (Amazon, 2015)

Carl Barks:
„Barks Donald Duck Band 04" (Köln, 2013)

Rüdiger Robert Beer:
„Einhorn – Fabelwelt und Wirklichkeit" (München, 1977)

Adolfo Salvatore Cavallo:
„The Unicorn Tapestries at The Metropolitan Museum of Art" (New York, 2016)

John Cherry (Hrsg.):
„Fabeltiere – Von Drachen, Einhörnern und anderen mythischen Wesen" (Stuttgart, 2009)

Oskar Dähnhardt:
„Natursagen" (4 Bände, Leipzig/Berlin, 1907–1912)

Jürgen W. Einhorn:
„Spiritalis Unicornis" (München, 1998)

Wolfram von Eschenbach:
„Parzival" (2 Bände, Ditzingen, 2016)

Sergius Golowin:
„Drache, Einhorn, Oster-Hase und anderes phantastisches Getier" (Basel, 1994)

Winfried Hagenmaier:
„Das Einhorn – Eine Spurensuche durch die Jahrtausende" (München, 2003)

Bettina Hennig:
„Das magische Lexikon der Einhörner" (Köln, 2018)

Jochen Hörisch:
„Das Tier, das es nicht gibt" (München, 2005)

Sutherland Lyall:
„Die Dame mit dem Einhorn" (London, 2000)

John Wilhelm von Müller:
„Das Einhorn vom geschichtlichen und naturwissenschaftlichen Standpunkte betrachtet" (Stuttgart, 1852)

Jeannie T. Parker:
„The Mythic Chinese Unicorn" (FriesenPress, 2013)

Emil Peters (Hrsg.):
„Der Physiologus" (Köln, 2013)

Josef H. Reichholf:
„Einhorn Phönix Drache – Woher unsere Fabeltiere kommen" (Frankfurt, 2012)

Maria Magdalena Reidinger:
„Fossilien im Volksglauben: Das Einhorn" (Diplomarbeit, Wien, 2011; als PDF verfügbar)

Said:
„Dieses Tier, das es nicht gibt. Ein Bestiarium" (München, 2003)

Aleke Thuja:
„Dem Einhorn auf der Spur" (München, 1988)

Duncan Williamson:
„The Coming of the Unicorn" (Edinburgh, 2017)

Atlantischer Ozean
Orkney-Inseln
Nordsee
Äußere Hebriden
Innere Hebriden
Nordminch
Lewis
Tarbert
John o'Groats
Duncansby Head
Thurso
Keiss Castle
Durness
Smoo Cave
Girnigoe und Sinclair Castle
Wick
Castle of Old Wick
Whaligoe Steps
Forse Castle
Dunbeath Castle
Wailing Widow Falls
Ardvreck Castle
Ben More Assynt 998 m
Central Highlands
Loch Shin
Helmsdale
Dunrobin Castle
Ullapool
Bonar Bridge
Tain
Moray Firth
Gairloch
Loch Maree
Sgurr Mór 1.110 m
Duntulm Castle
Gold Cave
Uig
Kilt Rock/Mealt Falls
Fairy Glen
Old Man of Storr
Dunvegan Castle
Dunvegan
Skye
Sligachan Bridge
Fairy Pools
Broadford
Dunscaith Castle
Armadale
Dingwall
Beauly
Aigas House
Inverness
Kinloss Abbey
Nairn
Elgin
Elgin Cathedral
Forres
Bow Fiddle Rock
Findlater Castle
Cullen
Boyne Castle
Fraserburgh
Rattray
St Mary's Chapel
Keith
Peterhead
Boddam Castle
Bullers of Buchan
Huntly
Slains Castle
Ellon
SCHOTTLAND
Spey
Grantown on Spey
Eilean Donan Castle
Loch Ness
Aviemore
Fort Augustus
Invergarry
Loch Lochy
Mallaig
Newtonmore
Ben Macdui 1.309 m
Craigievar Castle
Alford
Aberdeen
Banchory
Dee
Braemar
Stonehaven
Dunnottar Castle
Glenfinnan Viaduct
Fort William
Ben Nevis 1.344 m
Grampian Highlands
Blair Atholl
Ecclesgreig House
Salen
Strontian
Pitlochry
Blackcraig Castle
Brechin
Montrose
Tobermory
Fairy Bridge of Glen Creran
Castle Stalker
Aberfeldy
Glamis Castle
Forfar
Blairgowrie
Arbroath Abbey
Arbroath
Dunkeld
Loch Tay
Carnoustie
Craignure
Mull
Oban
St Conan's Kirk
Kilchurn Castle
Tyndrum
Killin
Dundee
Fionnphort
Crieff
Perth
Kinfauns
St Andrews Cathedral
St Andrews
Earn
Crawford Priory
Dunino Den
Inveraray
Dunderave Castle
Kinross
Leven
Newark Castle
Carnasserie Castle
Tarbet
Stirling Castle
Ravenscraig Castle
Kirkcaldy
Firth of Forth
Duntrune Castle
Kilmartin
Loch Lomond
Stirling
Dunfermline Abbey
Dunfermline
Bass Rock
North Berwick
Lochgilphead
Buchanan Castle
Dunbar
Balloch
Falkirk
Greenock
Linlithgow Palace
Edinburgh
Port Askaig
Jura
Tarbert
Rothesay Castle
Paisley
Glasgow
Eyemouth
Bute
Largs
Motherwell
Portnahaven
Islay
East Kilbride
Berwick upon Tweed
Port Ellen
Ardrossan
Smailholm Tower
Kilmarnock
Biggar
Melrose Abbey
Kelso Abbey
Melrose
Kelso
Brodick
Troon
Kintyre
Selkirk
Dryburgh Abbey
Dunstanburgh Castle
Arran
Abington
Campbeltown
Ayr
Cumnock
Hawick
Jedburgh
Alnwick
Warkworth Castle
Southern Uplands
Firth of Clyde
Girvan
Thornhill
Lockerbie
Dumfries
Newcastle upon Tyne
Newton Stewart
Gretna
NORDIRLAND
Stranraer
Gatehouse of Fleet
Carlisle
Sunderland
Glenluce
Baldoon Castle
Dundrennan Abbey
ENGLAND
Solway Firth
Cumbrian
Penrith
Lowther Castle
Middlesbrough
Whitehaven
Appleby
Darlington
Brough Castle
Schloss, Burg
Kloster, Kirche
sonstige Sehenswürdigkeit
weiterer Foto-Ort

Bildnachweis
Alle Bilder von Gerald Axelrod mit Ausnahme von:
S. 19 unten links: Wikimedia Commons, Bogdanov (cc by-sa 3.0), S. 28: Wikimedia Commons, Western Region (cc0 1.0), S. 60: Wikimedia Commons, W. Scoresby (cc0 1.0).
Die historischen Bilder stammen aus dem Archiv des Autors.

Danksagung
Unser besonderer Dank für die Hilfe und Unterstützung bei der Entstehung dieses Buches gilt Gabriele und Raimund Gruber, Hilde und Nikolaus Huhn, Franz Kräftner und Stefanie Kräftner-Oostenbrug, Gerhild Mündlein, Beatrice Reiner, Sabine Ruhrhofer und Jürgen Schneider.

Für die freundliche Genehmigung zum Abdruck der Innenaufnahmen bedanken wir uns bei Michelle Andersson und der „Historic Environment Scotland".

***Gerald Axelrod**, geb. 1962 in Hard (Österreich). Begann im Alter von 13 Jahren seine ersten Schwarz-Weiß-Fotos selbst zu vergrößern. 1997 veröffentlichte er den Fotoband „… als lebten die Engel auf Erden", der sich rasch zu einem Kultbuch entwickelte und dem zahlreiche weitere Publikationen folgten. Mit über einem Dutzend Ausstellungen in Europa und den USA (u.a. in der Leica Gallery in New York) gehört Gerald Axelrod heute zu den führenden Künstlern auf dem Gebiet der mystischen Fotografie. 2017 wurde sein Buch „Sherlock Holmes und der Fluch von Baskerville" von der Deutschen Sherlock-Holmes-Gesellschaft als bestes deutschsprachiges Sherlock-Holmes-Buch des Jahres 2016 mit dem „Blauen Karfunkel" ausgezeichnet. – Lebt in der Nähe von Wien.*

***Liane Angelico**, geb. 1968 in St. Pölten (Österreich). Beschäftigt sich mit mittelalterlicher Mystik, die sie in lyrischen Werken in die heutige Zeit spiegelt. Als Autorin von Fantasy-Romanen entführt sie die Leser zudem in märchenhafte Zauberwelten. Sie gilt als moderne Mystikerin und als solche begleitet sie Gerald Axelrod bei seinen Reisen als Beraterin auf der Suche nach fantastischen Geschichten. – Lebt in der Nähe von Wien.*

Weitere Publikationen von Gerald Axelrod:
1997 „… als lebten die Engel auf Erden"
2000 „Wo die Zeit keine Macht hat"
2009 „Transsylvanien – Im Reich von Dracula"
2011 „Die Geheimnisse der Blutgräfin Elisabeth Báthory"
2012 „Die fantastische Welt der Brüder Grimm"
2013 „Wo das Reich der Nibelungen verborgen liegt"
2014 „Frankenstein und die Illuminaten"
2015 „Die Schöne und das Biest"
2016 „Sherlock Holmes und der Fluch von Baskerville"
2017 „Nostradamus und das geheime Wissen der Katharer"
2018 „Der wahre König Artus und die Suche nach Avalon"

Mit Liane Angelico:
2002 „… denn weiter als der Himmel ist die Liebe"
2005 „Die Nacht des Blutmondes"
2006 „An den Ufern der Ewigkeit"
2007 „Wo die Schatten wiederkehren"
2014 „Elvira und Merion"
„Als mein Glück zu Schmerz zerrann"
2015 „Von einem Wüterich, der hieß Fürst Dracula aus der Walachei"
„Kemon und Lemura"
2016 „Kleo Goldflügel und Rentier Ferdel, die Schrecken des Weihnachtsmannes"
„Schutzengelweg"
2017 „Jinny und Douglas"

www.axelrod.at

Liane Angelico und Gerald Axelrod
„Elvira und Merion"
Fantasyroman für Leser von 9 – 99 Jahren

Impressum

Buchgestaltung
Matthias Kneusslin, www.hoyerdesign.de

Karte
Fischer Kartografie, Aichach

Printed in Italy
Repro:
Artilitho snc, Lavis-Trento, Italien, www.artilitho.com
Druck und Verarbeitung:
Grafiche Stella srl, Verona, Italien
www.grafichestella.it

ISBN 978-3-8003-4632-5

Unser gesamtes Programm finden Sie unter:
www.verlagshaus.com

Umschlaginnenseite:
Girnigoe und Sinclair Castle bei Wick